사모여, 목회 플래너가 되라!

사모, 평강공주를 꿈꾸다

장형윤 지음

쿰란출판사

| 추천사1

　1990년 9월 장형윤 사모를 처음 보았을 때, 장 사모는 대학원 학생이었습니다. 그러나 기독교교육학과 학생이기 전에 예수님과 하나님 나라를 향한 남다른 열정이 있는 것을 보았습니다. 그래서 그 당시 총회교육위원회 간사였던 고혜석 목사와의 만남을 주선했습니다. 그리고 저는 그리스도의 군사 된 새 가정의 탄생을 보았습니다.

　결혼 이후, 조용히 목회에만 전념하시던 두 분에게서 간간히 목회에서의 좋은 소식이 들려올 때마다 참 감사했습니다.

　대구에서의 성공적인 목회를 마치고, 제일영도교회로 부임해 오신 후에도 좋은 소문이 많이 들려올 때, 두 분을 이어준 저로서는 기쁘지 않을 수 없었습니다.

　그런데 금번에 장 사모의 원고를 접하면서 목회의 성공이 그냥 이루어진 것이 아닌 것을 알았습니다. 고 목사는 일찍부터 사모와의 동역의 중요성을 알았고, 사모의 자리를 내어주었다는 것과 장 사모는 사모로서의 정체성과 철학을 가지고 내조했다는 것을 알게 되었습니다. 그리고 그 준비가 아주 오래 전부터 되어졌다는 것이 참 놀랍습니다.

글의 내용이 다소 낯설지만 정작 교회에서의 장 사모의 모습은 여느 사모님들과 다를 바가 없습니다. 가슴속에 열정을 품되 목회 현장에서는 선을 넘지 않은 절제된 모습입니다. 이와 같은 균형 감각이, 탁월한 내조의 힘이라 생각합니다. 무엇보다 장 사모를 가장 인정해주는 사람은 그의 남편과 자녀들입니다. 그리고 장 사모가 봉사했던 교회의 성도들입니다.

사모의 정체성에 관한 글이 교수나 목사에 의해 쓰인 것이 아니고 목회 현장에서 섬기는 사모에게서 비롯됐다는 것이 의미가 있는 것 같습니다. 뿐만 아니라 장 사모가 경험했던 다양한 현장 경험들은 일선의 사모님들에게 많은 도움이 되리라 생각합니다.

아무쪼록 이 귀한 책이 목회자와 사모들은 물론 많은 성도들에게도 유익을 줄 수 있을 것으로 확신하면서 일독을 추천합니다.

2011년 6월 1일
김성수
(고신대학교 총장)

| 추천사 2

    장형윤 사모의 책이 발간된 것을 기쁘게 생각한다. 오래 전에 자신이 쓴 글을 잡지에 싣고 있다는 이야기를 듣고, 관심이 있어서 그 파일을 보여 달라 하여 읽은 적이 있었다. 아주 재미있었고, 산 고백이 있었고, 삶에서 나온 것들이라 감동이 되었다. 그래서 나는 글들을 모아서 책을 만들어 보라고 권하였다. 선생이 할 수 있는 최선의 길은 제자들에게 숨겨 있는 은사를 드러내는 일이라고 나는 굳게 믿고 있다. 나의 반응이 격려가 되었던지 계속 글을 쓰고, 쓰여진 글들을 모아서 이렇게 책이 나올 수 있게 되었다.

    내가 고신대학교 기독교교육과에서 가르치기 시작한 1978년부터 벌써 30여 년의 시간이 흘렀다. 나는 사실 면접 시간에 우리 학과를 찾아온 여학생들 중에 사모가 되기 위해서 왔다는 학생들을 볼 때마다, 약간은 다른 생각을 해 왔다. 누구를 만나서 사랑을 하게 되고, 그 상대가 교역자인 경우에 그가 목회자의 사모가 되는 것이지, 처음부터 사모가 되겠다고 덤벼드는 것은 순서가 아니라는 생각이었다.

    그러나 소수이지만 그렇게 찾아온 우리 학생들을 보면서 저렇게 곱고, 착하고 준비된 학생들이 하나님의 귀한 성직을 맡은 목사님들의 사모가 된다면 정말 좋겠다는 생각을 하게 되었고, 더욱이 필요한 준비를 갖출 수 있는 과정들이 있다면 더 좋겠다는 생각을 하게 되었다.
　최근에 장형윤 사모의 글을 읽으면서 이제는 더욱 그런 확신을 갖게 되었다. 목사직으로 사람들을 부르신 것처럼 하나님께서는 사모의 길로 사람들을 부르신다는 것, 그리고 하나님은 기도하며 준비된 사람들을 귀하게 쓰신다는 사실이다. 이제는 전문화된 시대이고 사람마다 주신 달란트가 있다고 생각될 때, 사모를 너무 가정에만 머물게 하거나 절대로 모습을 드러내지 말라고 하는 것은 옳은 일이 아니라고 생각된다. 이 책이 사람들에게 어떤 반응을 일으킬지는 예측하기 곤란하지만, 충분히 많은 분들의 공감대를 만드는 일에 기여할 수 있으리라는 생각을 한다.

　장형윤 사모를 한 마디로 이야기한다면, 목사의 사역에 대한 최고의 충고자, 그리고 필요할 때에는 필요한 곳에서 자신의 능력을 발휘하는 목회 파트너, 그러나 동시에 자신의 위치를 분명히 아는 그런 사모라고 말할 수 있다. 다른 말로 하면 준비된 사모이나 겸손과 절제로 무장된 사람이다. 어떤 사람은 이 글을 보면서 한 측면만을 보고 사모의 역할을 과장한다거나 일반적인 기대보다 좀 지나치다는 말을 할지 모르나, 가만히 들여다보면 그의 힘은 하나님과의 친밀한 교제와 기도에서 나옴을 알게 될 것이다.
　장형윤 사모는 기도의 사람이다. 어떻게 다가오는 그 어려움의 순간들을 기도로 해결해 낼 수 있었는지를 읽어보는 것은 나에게 큰 도전이 되었다. 최근에 교회를 옮기는 과정에서도 단지 하나님의 섬세한 인도하심을 확신하고 믿음으로 순종하였으며, 그 안에서 역사하시는 하나님의 일을 체험하게 되었다.

이 글은 많은 교역자 사모들을 위한 도전과 위로가 될 수 있을 것이다. 그리고 하나님께서 특별한 선물로 자신을 부르신 일에 대한 감사와 찬양이 될 것이다. 더욱이 사모가 되기를 원하는 자매들에게도 귀한 안내서가 될 것이다. 그러나 이 책은 단지 사모가 사모에게 쓰는 글이 아니다. 사모의 삶을 이해하기를 원하는 사람들, 사모에게 무엇인가를 기대하는 모든 사람들에게 이 책을 권한다.

이 책을 읽으며 가장 신나게 읽은 부분은 "소망, 참된 기쁨"이다. 나는 글들을 읽으며 자주 very good이라는 토를 옆에 달아 놓았지만, 이 부분에 와서는 아예 페이지마다 위쪽에 큰 글자로 VERY GOOD이라고 써 놓고 말았다. 나는 이렇게 예쁘고 신나는 글을 읽어 본 적이 없다. 힘들고 어려운 길을 걸어가는 모든 사모들에게 그리고 성도들에게 참된 소망이 주는 기쁨이 넘치기를 기도한다.

2011년 6월 1일
강용원
(고신대학교 신학대학장)

| 추천사 3

　한국의 기독교 문화는 기독교라기보다는 유교와 샤머니즘이 혼합된 정서가 강합니다. 현 시대는 하루가 다르게 빠르게 변화하는데 유독 한국 교회 내 문화는 유교적인 사역관입니다.

　결혼 전에는 은사도 많고 열정적인 사모들이 이런 전통 가운데 자의 반 타의 반 어느 곳에 서 있어야 할지 엉거주춤 혼란 가운데 힘들어합니다. 한 사람이라도 충성된 일꾼이 절실한 교회 안에서 사모라는 이유로 전면에 나서다가 만날 따가운 시선이 남편 목사님에게 해가 될까 두려워 숨죽이고 은사를 지나치게 절제하며 잠재우는 사모님들이 많아 한국교회에 기막힌 영적인 손실이 큼을 너무도 안타까워하였습니다.

　이런 분위기 가운데 은사 많은 사모님을 동역자로 독려하여 프로 사명자로 우뚝 세워주신 남편 목사님의 담대한 배려가 대단하십니다. 목사님의 배려에 박자 맞추어 프로 목회 플래너로 알차게 실력을 갖추고 주님 앞에 겸손한 내면의 영성을 겸비하여 적절히 돕는 배필로 우뚝 서 충성하는 장형윤 사모의 모습이 장합니다.

　어떤 환경에서도 하나님의 사람은 아름답게 성화하여 빛과 소금 됨을 볼 수 있어 큰 격려가 됩니다. 장 사모님은 외적으론 철저히 은사를 개발, 활용하며, 동시에 말씀 사랑과 피땀 어린 기도로 빚은 내면의 맑은 영성이 접목된 균형 잡힌 프로 사모의 귀한 모델입니다. 같은 길을 가는 한국의 사모님들에게 목사님을 적절히 돕는 동역자로서 목회 플래너, 프로 사모의 모습을 구체적으로 제시해주신 장 사모님의 글을 기쁘게 추천합니다. 흔들리는 정체성으로 힘겨운 사모들을 위한 적절한 가이드북이 되리라 확신합니다.

2011년 6월 1일
이희녕 사모
(맑은 영성의 사명자 훈련방 대표 섬김이)

| 들어가면서

　어느 날 결혼 전에 내게 약간 관심이 있던 어떤 분이 목회에서 그다지 빛을 발하지 못하는 것을 보며 그분과 결혼하지 않고 남편과 결혼해서 다행이라고 남편에게 말했습니다. 그러자 남편은 그분이 나랑 결혼했으면 남편보다 훨씬 더 훌륭한 목사님이 됐을 거라고 하셨습니다.
　사모로서 남편에게 들을 수 있는 최고의 칭찬이 아닐까 생각됩니다.

　멀지 않은 십 수년 전만 해도 집안에서 내조를 잘하는 아내가 이상적인 여성상이었습니다. 하지만 여성의 사회활동이 잦아진 요사이는 집안에서의 내조에만 치중하는 여성이 많이 줄어든 것도 사실입니다. 목사의 아내들 역시 전통적으로 가정에서 남편을 내조하는 것이 가장 이상적인 사모상으로 여겨 왔습니다. 시대가 바뀌면서 여성의 역할도 많이 바뀌었지만 교회 안에서 사모의 역할은 아직 제자리를 찾지 못하고 있습니다.
　사람들은 목회에서 사모의 역할이 절반 이상을 차지한다고 합니다. 그래서 대부분의 사모들은 자의 반 타의 반으로 평강공주가 되기 원합니다. 그러나 정작 어떻게 해야 평강공주처럼 남편을 훌륭한 목사가 되게 할 수 있는지에 대해서는 어느 누구도 정확하게 답을 내려주지 못하는 것 같습니다.

그리고 평강공주 같은 아내가 되기 위해 열심을 내다 보면 너무 많은 장애물을 만나게 됩니다. 저 자신도 오직 평강공주 같은 아내가 되기 위해 이십여 년을 최선을 다해 달려왔지만 언제나 두렵고 떨립니다. 무엇보다 소외되고 지지받지 못하는 길이라고 여겨질 때가 너무 많았습니다.

어느 날, 남편에게 물었습니다.
"여보, 왜 나만 매일 힘들어야 해요?"
그 때, 남편이 내게 말했습니다.
"당신은 남들이 가보지 않은 길을 먼저 가기 때문이지."

그 당시 남편의 목회가 굉장히 힘든 시기였고, 그러므로 나는 더 힘든 시간을 보낼 때였습니다. 그 즈음에 참석한 한 집회에서 많이 울고 부르짖으며 하나님께 기도했습니다.
"하나님, 왜 나만 이렇게 힘들어야 합니까?"
하나님께서 넓고 거대한 평원을 보여주시며 말씀하셨습니다.
"남들이 가지 않은 길을 먼저 가기 때문이란다!"
나를 힘들게 했던 수많은 상황들에 대한 이유를 남편에게 들었을 때보다 하나님께 직접 들었을 때 더욱 위로가 되었습니다.
하나님께 사모로 부르심을 받았다고 여기던 순간부터 사모의 역할에 대해 고민했고, 결혼 이후에는 나름대로의 사모관을 가지고 목회를 도왔습니다. 그 길들은 대부분의 사모들이 생각하지 않는 새로운 길이었습니다. 많은 난관과 고민, 시행착오가 있었습니다. 그러나 하나님은 남편의 목회를 복 주셨고, 그 어떤 목지보다 힘들었던 대구에서 교회 부흥의 꽃을 피울 수 있었습니다.

뿐만 아니라 하나님은 남편을 더욱 크게 하시고 더욱 복 주셔서 제가 걸어왔던 길을 하나님이 기뻐하신다는 확증을 주셨습니다. 하지만 제가 걸어왔던 사모의 길에 대해 다른 사모님들과 나누기에 저는 너무 부족하다고 생각했습니다. 그리고 큰 확신도 없었습니다. 그러나 하나님의 크신 강권하심과 저를 아시는 분들의 강력한 지지로 인해 책을 내게 되었습니다.

이 글을 처음 쓰도록 토대를 마련해주신 〈월간사모〉 편집장 박미례 사모님께 정말 감사드립니다. 〈월간사모〉는 제게 글을 통해 사모님들을 섬길 수 있는 사역을 열어 주었습니다. 제 글에 대해 격려를 아끼지 않으셨던 박미례 사모님이 아니었다면 이 책이 나오지 못했을 것입니다.

제 원고를 두 번이나 꼼꼼히 읽어주시고 사랑의 권면을 아끼지 않으셨던 이희녕 사모님께 말할 수 없는 감사를 보냅니다. 사모님의 조언은 이 책이 다듬어지는 데 많은 도움이 되었습니다.

또, 언제나 제 글에 대해 따뜻한 격려와 지도를 주신 강용원 교수님께 감사드립니다. 저를 가장 잘 이해해주시고 저의 재능을 탁월하게 이끌어 주신 스승인 강 교수님의 지도가 없었다면 이렇게 빨리 책이 출판되지 못했을 것입니다.

너무도 훌륭한 목사님을 제게 소개해주신 김성수 총장님, 언제나 언덕이고 버팀목이 되어 주셨습니다. 고신대학에 괄목할 만한 성장을 가져오신 만큼, 바쁘고 분주하심에도 불구하고 추천사를 써주시니 감사함을 표현할 길이 없습니다.

부족한 점이 너무 많은 저와 함께 동고동락해 주셨던 대구 대현교회의 모든 성도님들께 감사와 영원한 그리움을 전합니다.

결혼 초기부터 사모도 목사만큼 중요하다며 동역자로 세워주시고, 사역의 한 자리를 내어주신 고혜석 목사님! 그리고 저의 허물과 실수를 품고 오신 목사님, 목사님 덕분에 오늘 목회 플래너로 설 수 있었습니다. 너무 감사하고 사랑합니다.

그리고 언제나 저의 가장 좋은 동역자가 되어 준 은아, 영국, 영권 세 아이에게 고마운 마음을 전합니다.

오직 자기의 뜻과 영원 전부터 그리스도 예수 안에서 나에게 주신 은혜로 나를 구원하시고 거룩한 소명으로 불러주신 하나님, 사모로 불러주셔서 감사합니다. 그리고 이 책이 나올 때까지 당신께서 더 많은 일들을 하셨음을 고백합니다. 이 모든 감사와 영광을 하나님께 드립니다.

2011년 6월 1일

|사모여, 목회 플래너가 되라!

많은 사람들은 말한다. 목회에 있어서 사모의 역할이 아주 중요하다고. 하지만 사모가 어떤 역할을 하게 되면 또 거기에 대해 이러쿵저러쿵 말이 많아진다. 목회에 있어서 사모의 역할이 중요하다는 것은 누구나 다 알지만 사실, 정확히 어떻게 해야 하는지에 대해서는 어느 누구도 제대로 말할 수 있는 이가 없는 것 같다.

'교회 안에서 사모의 성공적인 사역의 사례'라는 주제로 〈월간사모〉에서 원고 청탁을 받았을 때 새벽 기도 시간에 하나님께서 '목회 플래너'라는 단어를 떠오르게 하시며 목차들을 보여 주셨다. 그 작은 시작으로 인해 사모의 역할과 정체성에 대한 정리를 시도할 수 있었다.

결혼을 앞둔 예비 부부에게 결혼식에 관계되는 모든 절차와 준비에 대해 전문적으로 조언해주는 직업이 있다. 그들을 웨딩 플래너라고 하는데, 자신이 결혼하는 것은 아니지만 결혼식에 대해 예비 부부보다 더 전문적이고 탁월한 견해를 가지고 조언을 해 준다. 목회의 주체인 목사의 목회에 대해 전문적인 견해를 제시해 주는 역할을 하는 사람을 목회 플래너라 하고 싶다. 그리고 만약 사모가 목회 플래너가 된다면 목사에게 많은 도움이 될 것이다.

성도들이 사모에게 바라는 것 중의 하나가 목회자의 부족한 부분에 대해 목회자에게 조언하는 것이다. 누구든지 상대방의 결점을 지적해 준다는 것은 참 쉬운 일이 아닐 것이다. 그래서 성도들은 그 어려운 일을 사모가 해 주길 바란다. 사모의 입장에서 목회자에게 조언을 하는 것은 쉬운 일이 아니다. 자칫하다가는 잔소리가 될 수 있고, 또 잘못하면 아녀자의 좁은 소견을 피력하게 될 수 있기 때문이다. 조언을 너무 하지 않으면 목회자가 정체될 수 있고, 너무 많이 하다 보면 목회자가 주눅이 들기 마련이다.

그러므로 온 마음을 쏟은 칭찬과 격려와 더불어 적절한 조언은 사모의 큰 내조 중의 하나이다.

그런데 만약 사모가 단순한 조언을 하는 데 그치지 않고 전문가 못지않은 안목을 가지고 조언을 할 수 있다면 얼마나 더 좋겠는가? 교회가 성장하는 데 있어서 늘 한 가지 방법으로 성장할 수는 없는 일이다. 예를 들어 교회의 규모가 작을 때는 심방과 제자 훈련 위주로 이끌어 간다면, 교회의 규모가 커지면 설교가 탁월해지도록 준비해야 한다. 또한 시대를 읽어 가는 안목도 필요하다. 과거에는 심방 위주의 목회였다면 지금은 예방 목회가 되어야 한다. 오늘날의 성도들은 과거처럼 집을 방문하는 것을 꺼리는 경향이 있다. 그러므로 오늘날은 심방할 일이 생기지 않도록 성도의 문제를 미리 파악하고 연약한 부분들을 세워 가도록 해야 한다.

급박하게 돌아가는 현실 속에서 목회자는 새로운 도약을 위해 고독한 결단을 내려야 할 때가 많다. 그리고 설교에 대한 정확한 브리핑도 필요하다. 그럴 때 사모가 적절하고 은혜로운 조언을 해 줄 수 있다면 얼마나 좋을까? 시대를 앞서 가기 위해 목회자는 끊임없이 고민하지만 정작 그 일을 시도하기에는 많은 용기가 필요하다. 또한 그 일을 성취하기 위한 동역자도 필요하다. 그럴 때 사모가 그 일들에 충분한 지식을 가지고 있다면 얼마나 도움이 되겠는가?

목회의 연륜이 쌓일수록, 목회자의 그릇이 커 갈수록 목사에게 멘토나 조언자가 점점 줄어들게 될 것이다. 그럴 때 목사의 그릇만큼 사모도 함께 성장해 가면서 동역하고 의논할 수 있다면 참 좋을 것이다.

그러면 어떻게 하면 목회 플래너로서의 역량을 갖출 수 있을까? 그 부분에 대해 함께 나누고 싶다. 우선, 첫째 마당에서는 사모의 교회 내에서의 정체성을 나누었다. 둘째 마당에서는 가정에서의 역할을 다루었다. 셋째 마당에서는 하나님과의 관계를 다루었다. 넷째 마당은 특별히 사모의 영성을 다루었다. 사실, 이 모든 것보다 가장 중요한 것은 사모의 영성이다. 그 영성의 구체적인 부분을 다루되, 시중에 수많은 책들이 나와 있기에 중복되지 않는 부분들만 나누었다.

내가 목회 플래너로서 남편과 교회를 섬길 수 있었던 것은 남편의 목회 철학 때문이다. 남편은 목회는 사모와 같이 하는 것이라 생각했고 늘 사모를 최고의 동역자라고 여겼다. 그래서 항상 나의 의견을 존중해 주었다.

그러나 목회 현장에서 내가 느끼는 것은 어찌되었든 목회는 목사가 하는 것이다. 그 어느 누구도 목사의 자리를 대신 할 수 없다. 목사를 제외한 모든 사람들은 목회자가 필요를 느끼고 손을 내밀 때만 도와줄 수 있는 존재들이다. 그러므로 앞서서 미리 조언을 한다든지 도와주는 것은 바른 방법이 아니다.

대신에 목회자가 손을 내밀 때 언제든지 도와줄 수 있도록 주어진 자리에서 최선을 다해 준비해 놓을 수 있어야 한다. 마치 결혼은 신랑 신부가 하는 것이며, 웨딩 플래너의 조언을 선택하고 하지 않는 것은 그들의 몫인 것처럼!

차례

- 추천사 1- 김성수(고신대학교 총장) •2
  - 2- 강용원(고신대학교 신학대학장) •4
  - 3- 이희녕(맑은 영성의 사명자 훈련방 대표 섬김이) •7

- 들어가면서 •9

- 사모여, 목회 플래너가 되라! •14

첫째 마당 : 교회에서
　　　　사모여, 프로가 되라! •22
　　　　사모여, 리더가 되라! •27
　　　　사모여, 죽음을 각오하라! •35
　　　　사모여, 당당하라! •43
　　　　사모여, 세계를 품으라! •53
　　　　사모여, 선 긋기를 잘하라! •59
　　　　사모여, 사랑하라 다시 사랑하라! •68
　　　　사모여, 영적 권세를 누려라! •77

둘째 마당 : 가정에서
　　　　남편은 축복의 통로이다 •86
　　　　더불어, 함께하라 •94
　　　　자녀를 위해 울라 •101
　　　　재정 관리를 잘하라 •109

셋째 마당 : 하나님 앞에서

사모여, 꽃비를 보라! • 120
사모여, 주 앞에 사모로 서라! • 127
사모여, 바다가 되라! • 132
사모여, 예수의 이름으로 서라! • 138
즐거우냐? • 146
명품이 되라! • 151

넷째 마당 : 하나님의 사람 되기

구원, 다할 수 없는 감격 • 158
사랑, 대가를 지불하라. • 162
회개, 은혜 중의 은혜 • 169
믿음, 살아 계신 하나님 • 176
소망, 참된 기쁨 • 181
기쁨, 오직 주께 있는 보화 • 187
감사, 참 믿음의 증거 • 192
겸손, 능력의 통로 • 198
순종, 축복의 통로 • 204
상처, 내 안의 보화 • 211
탈진, 충성의 증거 • 215

• 나가면서 • 222

사모, 평강공주를 꿈꾸다

첫째 마당
교회에서

사모여, 프로가 되라!
사모여, 리더가 되라!
사모여, 죽음을 각오하라!
사모여, 당당하라!
사모여, 세계를 품으라!
사모여, 선 긋기를 잘하라!
사모여, 사랑하라 다시 사랑하라!
사모여, 영적 권세를 누려라!

사모여,
프로가 되라!

2001년 9월 말 이백여 명이 모이는 한 교회에 부임했다. 전임사역자의 불미스러운 일로 교회는 무너져 있었다. 9년에 걸쳐 절반 정도의 성도들이 서서히 교회를 떠났고, 교회는 뒷자리에서 보면 온통 하얀 머리들로 채워져 있었다. 목사가 새로 부임해 왔어도 성도들의 반응은 시큰둥했었다. 심지어 주일날 교회를 나서는 성도들에게 인사를 해도 무심히 지나치는 성도들이 훨씬 많았다. 성도들의 얼굴은 굳어 있었고 무표정했었다.

그런 열악한 환경 가운데 남편은 당회에서 나로 하여금 여전도사의 역할을 하게 하겠다고 했다. 당회원들의 염려가 없는 바도 아니었지만 목사가 처음 부임한 상황이라 남편의 의견이 수락되었다. 남편에게서 그 소식을 전해 들었을 때 많이 부담되었다. 또한 성도들의 생각이 어떨지 매우 염려가 되었다. 하지만 사모의 역할이 목사만큼 중요하고, 사모 또한 목사 못지않은 능력이 있다고 생각하는 남편의 평소 생각을 잘 알았기에 순종할 수밖에 없었다.

그래서 나는 주일날 예배를 드리기 전부터 성도들을 맞이하고 예배 시간에도 뒤에서 예배를 도왔다. 물론 부교역자가 있었지만 워낙 경험이 많지 않은 부교역자들이었기에 나의 역할에 대해 불만을 가지지 않았었다.

여전도사의 역할을 하면서 나는 우선 예배 시간 전에 성도들을 맞이할 때 따뜻하고 밝은 미소로 그들을 맞이했다. 그리고 예배 시간 중에 음향이나 냉방 등을 조절했다. 또한 낯선 분이 오시면 어김없이 찾아가 인사를 했고, 성도들의 가족이 방문을 하거나 타 지방 성도들이 방문을 할 때도 광고를 할 수 있도록 강대상에 메모를 올렸다.

그러자 예배 분위기가 점점 편안해지고 부드러워져 갔다. 침침하고 어둡던 성도들의 얼굴이 환하게 밝아지기 시작했다.

심방을 가서는 성도들의 마음을 누구보다 빨리 읽어냈다. 그리고 필요 적절한 말로 성도들을 위로했다. 특히 문제가 생기면 찾아가는 심방보다 문제가 생기기 전에 문제가 좀 생길 것 같은 가정은 미리 심방을 해서 시험에 드는 것을 방지했다.

또한 남편은 성경공부, 나는 가정사역반을 운영하면서 성도들을 훈련시켰다. 가정사역반을 통해서 성도들의 말투와 행동에 많은 변화를 가져오면서 교회의 분위기는 훨씬 세련되어 갔다.

열정이 많은 남편이 성도들과 함께 온 동네를 다니며 전도할 때도 남편의 옆에 함께했다. 목사와 사모가 앞장서서 온 동네를 다니며 전도하기 시작하니 성도들도 열심을 내어 전도하기 시작했고 교회는 날마다 부흥해 갔다.

남편은 내가 설교 모니터링 하는 것을 좋아한다. 적절한 격려와 정직한 칭찬, 그리고 정곡을 찌르는 지적 때문일 것이다. 워낙 설교에 대한 열정이 있기에 결혼한 지 이십 년이 되도록 늘 설교에 변화가 있다. 그 변화를 위해 함께 의논해 가는 것은 우리 부부의 행복이다.

어느 모임에서 남편이 말했다. 자신도 기도를 많이 하지만 아내의 기도의 깊은 자리에 미치지 못한다고. 기도는 내 힘의 원천이며 내 삶의 능력이며 어쩌면 전부이다. 오늘의 내가 있게 된 것은 모두가 기도 때문이다. 또한 목회의 성공 비결을 묻는 분들께는 아내의 동역이 큰 힘이 되었다고 말하기도 한다.

이처럼 남편의 목회에 사모로서 한 부분을 감당할 수 있었던 것은 남편의 남다른 가치관 때문이다. 결혼 초기부터 남편은 사모도 목사와 같은 위치이며 사모의 역량을 발휘하는 것이 중요하다고 말했다. 사모의 역량을 썩히기보다는 하나님 나라를 위해 쓰일 수 있도록 자리를 마련해 준 남편 덕분에 나는 내가 가진 역량으로 남편의 목회를 도울 수 있었다.

사모로서 내가 부족하나마 역량을 발휘할 수 있었던 것은 하나님께 사모로 부름 받았다는 생각을 한 뒤, 끊임없이 사모의 길을 준비해왔기 때문이었다.

고등학교 시절을 거쳐 대학, 대학원을 진학하면서 학과를 선택할 때도 사모로서 목회자를 내조하기 좋은 국문학, 기독교 교육학을 전공했다. 그러면서 내 안에 어떤 결론이 내려졌다. 목사 후보생과 결혼만 하면 사모가 되지만 사모도 많은 준비가 필요하고 사모로서의 전문성을 갖추어야 한다는 생각이 점점 강하게 들었다. 그러는 가운데 내 안에 나도 모르게 외침이 있었다.

"사모도 프로가 되어야 한다. 사모로서 프로가 되자!"

그렇게 목회를 내조하는 길을 달려가던 어느 날, 나의 외침은 지경을 넘어서기 시작했다.

"사모여! 프로가 되라!"

20년을 달려온 사모로서의 길을 다른 사모님들과 나누고 싶다는 비전이 생긴 것이다. 가장 탁월하고 능력 있는 자매들이 사모가 된다. 하지만 사모가 되는 순간 누구나 경험하는 혼돈이 있다.

무엇을 어떻게 해야 할지에 대해서 잘 알 수 없기 때문이다. 교회 안에 사모가 할 일은 분명하지 않다. 그럼에도 불구하고 어느 누구도 명확하게 사모의 정체성에 대해 말해 주는 사람이 없다. 사모의 역할에 분명한 정체성이 없는 것, 그것이 사모가 겪는 가장 큰 어려움일 것이다. 사모는 무엇을 해도 힘이 든다. 일을 하면 해서 힘들고, 하지 않으면 하지 않아서 힘이 든다. 그래서 어려운 자리이다.

뿐만 아니다. 교회의 규모가 달라짐에 따라 사모의 역할도 달라져야 한다. 그러니 사모의 정체성을 논한다는 것은 쉽지 않은 일일 것이다.

사모의 정체성에 대해 이십여 년을 고민하며 목회 현장에 적용시켰다. 좌충우돌하며 시행착오도 많았지만 사모로서의 분명한 정체성은 목회에 많은 도움이 되는 것이 분명한 것 같아 이 땅의 사모님들과 나누기 원한다. 앞으로 펼쳐질 나의 견해가 완성된 것이라고 추호도 생각하지 않는다. 다만 함께 나누기 원할 뿐이며 여러 사모님들과 함께 완성시켜 가기를 원한다.

사모여,
리더가 되라!

오래 전, 모교회에서 같이 신앙생활을 하다가 사모가 된 친구를 만났다. 부목사 사모였던 친구는 사모가 되어서 가장 힘든 것은 더 이상 교사를 하지 못하는 것이라고 했다. 교사로서의 은사가 탁월했던 친구는 사모가 된 뒤 예배만 드리고 집에만 있어야 했다. 잘 나가던 직장을 그만둔 뒤 당하는 경제적인 어려움보다 친구를 더 힘들게 한 것은 교회 안에서 설 자리가 없는 것이었다.

가장 열심히 하나님을 섬기던 자매들이 사모가 되는데 막상 사모가 되면 어떤 봉사를 해야 할지 난감하다. 그뿐이 아니다. 하나님을 섬기는 열심이 없었으나 결혼으로 자연히 사모가 된 분들은 결혼 전에는 봉사하지 않아도 불편하지 않았는데 사모가 된 뒤에 아무것도 하지 않고 있으려니 왠지 마음이 불편하다. 봉사를 하려니 어디서 어떻게 해야 할지 모르겠고, 봉사를 하지 않고 있으려니 무척 불편한 것이 사모의 자리이다.

시대적으로 여성의 역할은 많이 변했고, 가정에서의 역할도 변했지만 교회 안에서의 사모 역할은 아직도 혼돈 가운데 있는 것 같다. 뚜렷하게 꼭 사모가 해야 할 일이 없다 보니 보니 젊은 사모님들은 교회 사역에서 자신이 할 일을 찾지 못하고 전공을 살려 직업 전선에 뛰어드는 경우도 있다. 목회자의 사례가 너무도 박봉이다 보니 충분히 이해가 되지만 안타깝다는 생각이 든다(지극히 개인적인 견해임을 밝힌다). 생활이 너무 어려운 경우가 아니라면 사모도 전문적인 능력을 갖추지 않으면 안 된다는 인식을 가지고 교회 안에서 사모의 역할을 찾아 감당해 가야 한다. 그리고 이를 위해서 끊임없는 노력과 연구가 필요하다.

사모의 역량을 갖추기 위한 한 가지 덕목 중에 가장 중요한 것은 리더십이다. 우리는 보통 리더는 목사님이 되어야 한다고 생각한다. 하지만 목사의 리더십과 사모의 리더십이 다르며, 사모 고유의 리더십을 찾아내 계발해 나가야 한다. 이 일은 사모 개개인의 문제를 떠나서 교회적으로도 아주 중요한 문제다.

"만약 당신이 그리스도를 믿는다면 당신은 사랑하기 위해 리더가 될 것이다. 그러나 당신이 그리스도 안에 있지 않다면 당신은 리더가 되는 것을 사랑할 것이다"라고 하워드 버트가 말했는데 참 의미가 있다. 하나님을 더 잘 섬기고, 남편을 잘 섬기며, 성도를 잘 섬기기 위해 우리는 반드시 리더가 되어야 한다.

그러면 사모는 어떤 리더십을 갖춰야 할까? 시중에 리더십에 대한 책이 무수히 쏟아지지만 사모의 리더십에 대해서는 다루지 않고 있다. 아마도 사모가 리더라고 여기는 사람은 많지 않고, 리더십이 탁월한 사모들도 정작 목회 현장에서 리더십을 발휘하는 경우가 많지 않기 때문일 것이다. 일반적으로 사모가 리더십이 있다는 것이 목사나 교회를 쥐고 흔드는 것으로 오해하기도 한다.

그렇다면 리더는 무엇일까? 리더란 주변에 사람이 많이 모이는 사람이고, 모여든 사람에게 선한 영향력을 끼치는 사람이라고 생각한다. 주변에 사람이 많이 모여든다는 것은 얼마나 좋은 일인가? 그 사람에게 매력이 있다는 것을 의미하고 능력이 있음을 의미하는 것이다. 사모는 남편이나 성도들에게 매력적이고 가까이 하고 싶은 사람이 되어야 함이 마땅하지 않은가? 그리고 모여든 사람에게 좋은 영향력을 끼칠 수 있다면 얼마나 바람직한 일이겠는가?

사람이 모여든다고 다 리더는 아닐 것이다. 내가 아는 한 사람은 사람을 끄는 매력이 탁월하다. 내가 지켜본 바로 그가 친하기 원해서 접근한 사람은 반드시 그의 매력에 빠져들었다. 하지만 그는 자기 주변에 모여든 사람들에게 결코 좋은 영향력을 끼치지 않았다. 당을 지었고 그가 싫어하는 사람을 매장하는 일에 스스럼없이 사람들을 선동하기도 했다.

그렇다면 사람은 어떤 사람에게 매력을 느낄까? 우선, 자신보다 더 탁월하다고 생각하는 사람을 가까이 하고 싶고 존경하기 마련이다. 그래서 사모는 일반 성도보다 신앙적인 부분에서 반드시 뛰어나야 한다. 하나님은 사모로 부르실 때, 능력을 주셨기 때문에 우리가 하나님께 구하기만 하면 반드시 성도보다 뛰어난 능력과 권위를 주신다. 그리고 사모가 모든 성도들보다 탁월한 영성을 소유하는 것이 하나님의 뜻이기도 하다.

그러므로 사모들은 하나님께 열심히 구해야 한다. 공부를 잘하기도 어렵고, 돈을 많이 벌기도 어렵지만 탁월한 영성의 자리에 이르는 것도 결코 쉬운 일이 아니다. 좀 기도하다가 되지 않으면 포기해버리는 경우도 있는데 결코 포기하지 말고 최선을 다해 하나님께 구해야 한다. 처절한 몸부림과 갈급함을 거치지 않고는 영적인 깊은 자리에 나아갈 수 없다.

하나님은 사모가 누구보다 탁월해지기를 원하시지만 그렇다고 그냥 주시지 않는다. 하나님의 뜻이 분명하므로 주실 때까지 최선을 다해 열심히 구해야 한다. 사모는 반드시 영적으로 탁월해져야 한다. 그래야 진정한 리더가 될 수 있기 때문이다.

사람이 주변에 많이 모이는 사람이 리더의 조건 중의 하나라면 왜 사람들은 자신보다 탁월한 사람 주변에 모여들까? 자신보다 탁월한 사람에게서 뭔가 얻기 위해서일 것이다. 아무리 타인보다 탁월한 사람이라도 모여든 사람에게 무엇인가 주지 못한다면 사람들은 서서히 떠나게 될 것이다. 진정한 리더는 하나님이 주시는 능력으로 탁월해지고 또 그 능력을 받아 성도를 위해 희생하며 헌신해야 한다. 그것이 진정한 리더의 길이다.

　대체적으로 사모들은 헌신적이며 희생적이다. 남편에게나 성도들에게나 자신을 다 내어주는 것이 천성인 분들이 사모가 된다. 이전에 한국의 어머니들이 무조건적으로 남편과 자식을 위해 모든 것을 헌신했지만 결국 돌아오는 것은 천대였다. 그래서 한국 여성들에게는 한이 많았다. 이전의 우리 선배 사모들도 그랬다. 그저 죽도록 헌신만 했다. 하지만 언제나 돌아오는 것은 더 많은 요구와 원망이었다. 그래서 병도 많았고 한도 많았다. 실력이나 능력을 갖추지 않은 희생은 상대방에게 당연하게 받아들여질 수 있기 때문이다.

　그러므로 헌신과 희생을 하는 만큼 실력을 갖추어야 한다. 지식이 부족하다면 지식을 보충해야 하며, 외모가 부족하다면 보완할 수 있는 방법을 찾아야 한다. 자신만의 스타일을 연출할 수 있어야 한다. 하지만 무엇보다 가장 중요한 것은 영적인 실력을 갖추는 일이다. 영적인 부분에서는 교회 안에서 가장 탁월해야 한다.

　그러나 조심해야 할 것은 사모가 영적인 권능을 갖추었다는 것을 스스로는 알아도 성도들에게 굳이 알게 할 필요는 없다는 것이다. 사람이 알 수 없는 비밀하고 큰 능력을 갖추되 가장 낮은 자리에서 순종하고 가장 겸손한 자리에 이를 수 있어야 하는 것이 사모의 리더십이다. 또한 하나님이 주신 영적인 권능으로 성도들을 위해 간절히 기도하고, 말씀으로 권면하고, 아픔을 함께 나누어 주어야 한다. 그런 자리에 이를 때 비로소 사모의 리더십이 발휘된다.

끼가 많은 사모님들에게 사모의 자리는 참 힘든 자리이다. 사모에게 찬양을 잘하는 은사나 악기를 잘 다루는 은사가 있으면 그 은사를 발휘하고 싶은 것은 매우 당연할 것이다. 하지만 모든 사람들이 부러워하는 사역은 자신보다 성도들을 내세우며 성도들을 위해 양보하는 것이 사모의 덕목이 아닐까 싶다.

성악을 전공하지 않았지만 찬양을 잘하는 나는 가끔 성가대가 힘들 때는 도와주기도 한다. 때로 솔로를 하게 될 때도 있다. 그 때, 별로 어렵지 않은 곡이면 그 찬양을 소화할 수 있는 성도에게 양보한다. 그리고 그녀가 찬양을 잘할 수 있도록 조언하고 격려를 아끼지 않는다. 만약 곡이 어려워 혼자 소화하기 힘든 곡이라면 듀엣으로 하기도 한다. 그러다 보니 지휘자는 성가대원들이 소화하기 힘든 곡인 경우에만 내게 부탁을 하게 되었다. 그렇게 몇 년이 지나니 이제는 내가 전혀 솔로를 하지 않아도 될 만큼 성가대가 탄탄하게 되었고 대원수도 늘었다.

사모가 멋있게 찬양을 하는 것보다 찬양하는 성도가 많아지는 것이 훨씬 더 좋지 않겠는가? 이런 일은 모든 면에서 적용되는 일일 것이다.

소그룹을 인도할 때, 나는 다른 교역자들이 다 선택한 뒤 남은 반을 운영한다. 물론 가장 힘든 그룹이다. 그리고 나 스스로 소그룹을 개척하기도 한다. 아무도 하려고 하지 않는 일, 아무도 못하는 일을 해내는 사람이 진정한 리더이다.

탁월한 달란트가 있지만 그 달란트를 다 활용하기보다 나보다 더 탁월한 성도들이 되도록 희생하며 도와가는 것이 진정한 리더의 길이며 사모에게 요구되는 리더십이라고 할 수 있다.

리더십에 대해 많은 고민을 하면서 내가 깨달은 것은 이 세상에서 가장 위대한 리더는 예수님이라는 것이다. 예수님은 가장 큰 능력을 지니셨으며 가장 큰 헌신을 하신 분이다. 그러므로 위대한 리더가 되는 길은 예수님을 따라가는 것이다.

> "나를 따라오라 내가 너희를 사람을 낚는 어부가 되게 하리라"(마 4:19).

예수님을 따라간다는 것은 무엇일까? 누가복음 9장 23절에 말씀하셨다.

> "아무든지 나를 따라오려거든 자기를 부인하고 날마다 제 십자가를 지고 나를 따를 것이니라."

리더가 된다는 것은 결코 즐겁거나 행복한 길이 아니고, 두렵고 떨리는 길이다. 철저히 자신을 부인하는 길이다. 능력을 갖추는 것만 해도 얼마나 힘이 들고 어려운가? 다른 사람 놀 때 공부해야 하고, 다른 사람 쉴 때 더 많이 기도해야 한다. 그래야 능력을 얻을 수 있고 탁월해질 수 있다. 뿐만 아니라 가진 것을 다 나누어 주어야만 한다. 하나님께 받을 수 있는 모든 능력을 다 받아서 그 능력으로 끊임없이 헌신해야 하는 것이 리더이다.

그러므로 사모는 반드시 리더가 되어야 한다. 이처럼 사모들이 예수님을 닮은 리더가 된다면 한국 교회의 앞날이 얼마나 밝을까?

사모라는 자리는 이미 리더의 자리이고, 사모가 된 순간 이미 우리는 리더이다. 탁월한 리더가 되기 위한 전진만 있을 뿐이다. 그러므로 리더의 자질을 갖추기 위해 최선을 다해야 한다. 하나님은 탁월한 사모의 반열에 우리가 세워지는 것을 기뻐하실 것이다.

사모여, 죽음을 각오하라!

민주화 운동이 한창이던 1980년대, 조국의 민주화를 외치며 수많은 젊은이들이 건물에서 뛰어내렸다. 꽃다운 젊은이들의 죽음은 많은 사람들을 자극했고 민주화 운동의 시발점이 되고도 남았다. 그 때 내가 들었던 루머 중의 하나는 민주화를 위해 자살을 대기하고 있는 대학생들이 삼백여 명이나 된다는 것이었다. 민주화라는 이념을 위해서도 그렇게 수많은 젊은이들이 죽음을 각오하고 나서는 것을 보면서 그리스도인으로서의 내 각오를 다시 다지곤 했다.

중국이나 러시아의 공산 혁명 과정에서도 자기 목숨을 이념과 바꾸며 헌신했던 수많은 사람들이 있었다. 그들의 사상이 그릇된 것임이 한 세기도 지나지 않아 드러났지만 수많은 사람들은 그들을 따랐다. 민중들이 이들 공산주의자들을 따른 가장 큰 이유 중 하나는 자신의 모든 것을 포기했던, 심지어 죽음조차도 마다하지 않았던 지도자들 때문이었다. 목숨조차 내어 놓고 이념을 실현시키고자 했던 소수의 지도자들은 수많은 사람들에게 감동을 주었다. 그리고 마침내 중국 대륙을 움직인 것이다.

젊은 시절, 사모가 되기를 결심했을 때 운동권 젊은이들은 내게 많은 도전을 주었다. 최소한 저들보다 하나님께 더 많이 헌신하고 나의 전부를 드려야 한다는 생각을 했다. 민주화를 위해 분신을 대기하는 젊은이도 있는데 하나님의 나라를 위해 나를 불사를 수 있는 대열에 서야 한다는 생각을 했다.

누가복음 14장 26절 이하에 보면, 예수님께 나아가는 자가 자기 부모와 처자와 형제와 자매 및 자기 목숨까지 미워하지 아니하면 능히 그의 제자가 되지 못한다고 말씀하고 있다. 그러면서 망대를 세우고자 하는 사람을 예로 드셨다. 누구든지 망대를 세우고자 할 때는 망대를 세우는 데 드는 비용과 자신이 가진 소유가 얼마인지 먼저 계산을 해야 한다. 자신이 가진 소유가 망대를 세울 수 있는지 없는지를 먼저 계산하지 않고 무작정 공사를 시작했다가 돈이 모자라게 되면 그 기초만 쌓다가 말게 될 것이다. 그리고 그렇게 마무리를 하지 못하면 비웃음만 사게 된다.

예수님의 제자가 되겠다고 결심할 때 최소한 자신의 목숨을 미워해야 한다. 자신을 사랑하는 마음을 내려놓지 못하면 결코 예수님의 제자가 될 수 없을 것이다. 죽음을 각오하지 않고 예수님의 제자가 되겠다고 하는 것은 마치 자신의 소유가 얼마인지 제대로 헤아리지 않고 망대를 세우는 사람과 같다.

자기 목숨까지 미워하지 아니하면 예수님의 제자가 되지 못하는 것처럼 사모의 직분도 마찬가지이지 않겠는가? 목사의 직분보다 더 감당하기 힘들다는 사모의 길을 가고자 할 때 목숨을 내어버릴 각오를 하지 않고 어떻게 감당할 수 있을까?

일제 치하도 아니고 공산당이 쳐들어 온 것도 아닌데 죽을 일이 뭐 있을까 싶지만 사실, 사모가 죽어야 할 일이 산적해 있는 곳이 목회 현장이다. 우선, 경제적으로도 많은 희생이 따르고 세상적인 명예도 내려놓아야 한다(불신자인 친정아버지는 사위가 목사라는 것이 부끄러워 지인들이 사위가 뭐하냐고 물으면 슈퍼마켓 한다고 말씀하셨었다). 때로 남편을 성도들의 남편으로 내어주어야 하기도 한다. 또 자녀들의 희생은 이만저만이 아닐 것이다. 이래저래 여러 면에서 사모들은 많은 희생을 각오해야만 하는데 자신의 목숨을 내어놓겠다는 결단이 없으면 이런 어려움들을 이겨내기 힘들기 마련이다.

개인적인 희생만이 아니라 대인관계 속에서도 사모들은 많은 희생을 각오해야 한다. 특히 자존심을 내려놓는 훈련이 없으면 감당하기 힘든 자리가 아닐까 싶다. 나를 욕하는 사람도 웃으며 대해야 하고, 그들을 위해 기도해 주어야 한다. 사랑을 베풀고 베풀어도 변화되지 않는 성도를 끝없이 기다려주며 한결같이 대해야 할 때도 자존심을 내려놓아야 한다. 교회에 나와 준다는 식으로 출석하는 성도들에게도 사모는 겸손히 고개를 숙여야만 한다. 좀 더 배웠다고, 많이 가졌다고 사모를 무시하는 성도들의 비위도 맞추어 주어야 한다.

사모가 자신을 죽이기 가장 힘든 영역은 아마도 목사인 남편이 아닐까? 그리스도 안에서 남편은 우리 모든 여성들에게 주님과 같은 존재이다. 하지만 사모의 경우는 남편을 대하는 것이 여느 여인네와 다른 부담이 있다. 목회자의 허물을 누구보다 많이 알고, 또 그 허물을 늘 대해야 하지만 그런 남편을 향한 절대적인 신뢰와 철저한 순종은 죽음을 각오하지 않으면 결코 감당할 수 없는 일이다.

우리 선배 사모님들은 이 역할들을 너무 잘 해 오셨다. 그러나 그 결과 평생 말 한 마디 제대로 못하고 사신 선배 사모님들 가운데는 갖가지 육체의 질병과 더불어 정신 질환에 이르는 경우가 많은 것이 현실적으로나 통계적으로나 증명되고 있다. 오죽했으면 여자가 남자보다 오래 산다는데 사모는 목사보다 수명이 십여 년 더 짧을까? 사모들의 수고와 고생을 미루어 짐작할 수 있다.

그런데 요사이 심심찮게 듣는 소리가 있다. 신세대 사모들은 이전의 사모들처럼 무조건 참고 인내하는 것이 아니라 할 것 다 하고, 할 말 다 한다는 것이다. 이런 젊은 사모들의 모습에 가장 큰 충격을 받는 사람은 성도가 아니라 선배 사모들이다. 자신들과 달리 당당하게 자신의 의사를 주장하는 사모들을 보면서 염려를 하기도 하고 꾸짖기도 한다. 때로 말 한 마디 못하고 평생 가슴 졸이며 살다가 남은 것이 온갖 질병뿐인 선배 사모들은 당당한 젊은 사모들을 응원하기도 한다.

그런데 목회 현장에서 사모나 목사가 자신이 하고 싶은 것 다 하고 목회를 하면 결코 열매를 맺을 수 없다. 인간적인 능력이 탁월해서 사람들을 모을 수 있을지는 몰라도 진정한 생명의 열매를 맺는 것, 즉 영적으로 죽었던 자를 하나님께로 돌이켜 살게 하는 일은 불가능하다. 성경에 분명히 한 알의 밀알이 땅에 떨어져 죽어야만 많은 열매를 맺을 것이라고 하셨기 때문이다. 죽은 영혼이 살아나는 것만한 기적이 세상에 어디 있겠는가? 기적 중의 기적이 불신자의 구원인 것이다. 이 일을 위해 예수님이 죽으셨고, 예수님의 제자인 사모도 죽어야만 기적을 볼 수 있는 것이다.

자신이 죽음으로 열매를 맺어 본 그리스도인들은 죽음의 기쁨을 안다. 또한 열매를 맺었을 때의 감격도 안다. 그러므로 교회 안에서, 또한 이 사회 안에서 자신을 부인하는 것을 주저하지 않게 된다.

주 안에서 죽어 본 경험이 없다면 사모의 직분을 통한 영적인 열매를 영원히 거두지 못할 것이다. 사모는 반드시 자신을 부인할 수 있어야 한다.

결혼 초기 나는 나를 부인하는 것이 성도들이 원하는 대로 다

해주고 그들의 비위를 다 맞추어주고, 내 뜻은 완전히 접어두고 무조건 남편이 원하는 것을 하는 것인 줄 알았다. 그 일이 너무 힘든 일이었지만 젊었을 때의 결단을 되새기며 주 안에서 죽어야 한다고 생각했다. 정말 나는 서서히 죽어갔다. 정신적으로 육체적으로. 그런데 더 괴로운 것은 나 자신을 다 내어놓고 죽어가도 열매를 볼 수 없는 것이다. 상황은 나빠만 갔다.

깊은 구덩이 속에서 처절하게 몸부림치며 깨달았던 것은 내가 주 안에서 죽은 것이 아니었다는 것이다. 사모가 되면서 성도들의 눈치를 보고, 남편의 눈치를 보며 그들이 원하는 대로 다 해주었다. 사모는 그렇게 해야만 하는 줄 알았다. 자신의 생각과 감정은 완전히 없애고 타인의 감정과 생각만 맞춰주는 것이 사모의 자리이고, 그것이 주 안에서 죽는 것인 줄 알았던 것이다.

그런데 그렇게 나를 죽여도 내게 돌아오는 것은 열매는커녕 모욕과 따돌림과 무시일 뿐이었다. 나는 철저히 짓밟혔다. 더 이상 갈 데 없이 무너진 내게 하나님은 나의 깊은 내면을 보게 하셨다.

내가 나를 부인했다고 여긴 것은 남편과 성도의 비위를 맞춘 것이지 하나님의 뜻을 이루기 위해 나를 부인한 것이 아니었다는 것을 보여주셨다. 사모에게 있어서 성도들은 거대한 산이고, 거대한 두려움의 대상이다. 언제나 그들의 판단이 사모를 죽이기도 하고 살리기도 한다. 그러다 보니 성도 앞에서 주눅이 들었던 것이다.

그리고 남편에 대한 집착이 심했던 나는 남편에게 순종하고 존경하면 남편의 사랑을 받을 줄 알았다. 남편의 사랑과 남편을 소유하고 지배하고자 하는 하와의 저주에 놓여 있었다. 하나님을 진심으로 사랑했다면 남편을 놓을 수 있었을 것이지만 나는 하나님보다 남편에게 더 집착하고 있었던 것이다.

이처럼 사모의 심약함이나 두려움, 그리고 집착에서 오는 자기 부인과 예수님 안에서의 자기 부인은 겉모습은 같아 보이지만 결과는 엄청난 차이가 있다. 성도들을 두려워해서 양보하고 죽어지면 나중에는 무시당하고 짓밟히게 되기도 한다. 또한 병이 나든지 탈진에 이를 확률이 높아진다.

사모가 자기를 죽일 때는 반드시 예수님을 바라보는 것이 필요하다. 예수님이 죽으셨기에 우리가 죽는 것이다. 예수님이 모욕을 당하셨기에 사모가 모욕을 당하는 것일 뿐이다. 예수님의 죽음에 동참하는 마음으로 죽어질 때 우리는 용기를 얻게 된다. 비굴해지지 않을 수 있다.

예수님 때문에 낮아지고 자존심을 내려놓게 되면 반드시 열매를 거두게 된다. 시간이 많이 걸리기는 해도 온유한 자가 땅을 차지하는 것처럼 성도들의 마음을 얻게 된다. 또한 성도들도 서서히 자신을 내려놓고 예수님을 위해 죽어지는 성령의 열매를 맺게 되는 것을 본다. 그런 성도들이 많아지면 불신자들이 회개하고 돌아오는 기적을 보게 된다. 교회는 진정한 부흥을 체험하는 것이다.

예수님 안에서 죽는 것과 자신을 미워하는 것이 무엇인지 제대로 깨닫지 못하고 사모의 길을 걸어온 지난날이 안타깝고 부끄럽기 그지없다. 하지만 나의 어떠함과 행위 때문에 부르신 것이 아니요, 오직 자기 뜻과 영원한 때 전부터 그리스도 예수 안에서 나에게 주신 은혜대로 불러주신 하나님 때문에 사모의 자리에 아직 서 있음을 고백한다. 비록 그리스도 안에서의 나의 부인과 죽음이 부족하고 미련한 부분들이 많았음에도 불구하고 오늘도 나는 고백한다.

"그리스도는 내 생의 전부입니다. 예수님은 나의 모든 것입니다."

예수님께서 잠잠히 나를 바라보시며 말씀하신다.

"얘야, 너도 나의 전부란다. 나도 널 위해 모든 것을 버렸단다."

사모여, 당당하라!

예수님이 이 땅에 재림하시기까지 가장 감당하기 힘든 자리가 목사 사모의 자리가 아닐까? 가방 끈이 짧으면 짧은 대로 주눅이 들게 마련이고, 가방 끈이 길어도 혹시나 교만하게 보이지 않을까, 설친다고 보지 않을까 노심초사하게 되는 것이 사모가 아닐까 싶다.

이웃에 있는 한 교회가 목사를 청빙하게 되었다. 목사님이나 사모님이나 아주 잘 준비된 분이 물망에 올랐다. 그런데 그 교회의 당회는 나뉘어 있었고, 전임 목사님도 사임한 상태였다. 그런 가운데 반대를 위한 반대를 하는 쪽에서 사모가 대학원을 나왔기 때문에 교만할 것이라는 이유 하나로 반대 여론을 몰아갔다고 한다. 얼마나 안타까운 일인가? 더구나 그 사모님은 상담학을 비롯해 사모로서 갖추어야 할 다양한 공부를 많이 하신 분이었다고 한다.

또 어떤 교회는 사모의 이력서까지 다 받아서 청빙 자료로 삼는다고 하니 공부를 해야 할지, 하지 말아야 할지 기준마저 모호하다.

뿐만 아니라 아주 조용하고 얌전한 사모들은 활달하게 성도들과 잘 어울리는 사모들을 부러워한다. 하지만 활달하고 적극적인 사모들은 현모양처 같은 사모들을 보면 기가 죽게 된다. 내가 경험한 바, 자기 자신에게 만족하는 사모는 많지 않다. 우리 모두가 완벽하지 않듯이 사모도 완벽할 수 없음에도 불구하고 성도들은 많은 것을 요구한다. 그런데 그 덫에 사모 자신도 걸리게 마련이다. 성도의 요구가 하나님의 음성으로 들려 그 기준에 맞추려고 끝없이 애쓰게 된다. 하지만 애를 쓰면 쓸수록 무능한 자신의 모습에 가슴을 치고, 자신에 대한 열등감은 커지게 마련이다.

그래서 사모는 반드시 자기 자신에게 당당해야 한다. 어느 누군가에 의해 자신을 판단하지 말고 스스로에게 당당해야 한다. 당당함이란 무엇일까? 사전에는 "위엄, 기품이 있으며 강하고 인상적이다. 태도나 자세가 매우 의젓하고 떳떳하다"라고 기록하고 있다.

사모는 누구보다 당당해야 한다. 심지어 목사보다 더 당당하고 자신감이 있어야 한다. 사모가 당당하지 못하면 영적 전쟁에서 질 수밖에 없다. 강하지 않으면 사방에서 덤벼드는 적들의 공격에서 승리할 수 없지 않겠는가? 특히 사탄은 성도들을 통해 목사의 무능함을 공격한다. 어떤 사모들은 목사의 실수나 부족에 대한 말을 성도에게서 들으면 바로 남편 목사님에게 잔소리를 한다. 그리고 걱정에 빠진다. 남편을 믿지 못하는 것이다.

물론 남편의 부족함을 조금씩 고쳐나가도록 내조하지 못하는 것도 문제이겠지만 한 마디 들을 때마다 불안해서 그대로 남편에게 옮기며 고치도록 종용하는 것은 더 큰 문제가 아닐 수 없다. 자기 자신에게 당당한 사모는 남편의 부족함을 그대로 받아들이고 수용할 수 있는 용기와 자신이 있다. 그런데 자기 자신에게 당당하지 못한 사모들은 성도들의 한 마디에 일희일비하기 마련이다. 그것도 자기 자신이 아니라 남편 때문에, 또 때로는 자식 때문에.

자신이 당당하면 남편 목사님이 좀 부족해도 여유를 가지고 기다려 줄 수 있다. 어찌 사람이 하루아침에 모든 것을 다 바꿀 수 있겠는가? 남편이 부족하면 부족한 대로, 잘 하면 잘 하는 대로 그 존재 자체를 받아들일 수 있게 된다.

자녀에 대해서도 마찬가지다. 사모 자신이 당당하지 못하면 자녀의 허물로 인해 지나치게 소심해질 수 있다. 목회자의 자녀라고 부족함이 없을 수 없다. 자라다 보면 여러 부족함이 나타나기 마련이다. 비단 사모만이 아니라도 엄마가 자녀에게 많은 것을 요구하고 끝없이 요구할 때는 엄마에게 문제가 있기 마련이다. 모든 아이들보다 뛰어나야 하고 다 잘해야 한다는 부담은 엄마 자신에게서 비롯된 문제라는 것을 인식해야 한다.

성도와 자신에게 당당한 사모는 자녀의 모습이 어떠하든 그다지 영향을 받지 않는다. 부족하면 부족한 대로 자녀의 있는 모습 그대로 받아들이고 인정하게 된다.

사실, 이런 능력은 높은 자존감에서 비롯된다. 자존감이 높은 사람은 자신의 가족에 대해서도 그가 어떠하든지 인정하고 받아들이게 된다. 사람들의 시선과 평가는 그다지 중요하지 않게 여기며 자신들이 해야 할 바를 한다.

당당함은 높은 자존감 이상의 강한 모습이다. 그런데 사모가 강해 보인다는 것은 그다지 덕스러워 보이지 않는다. 강하다는 의미를 독단적이고 고집이 있는 것으로 여기기 때문인 것 같다. 하지만 강하다는 것은 그런 의미가 아니지 않겠는가?

성도들의 동정을 받는 사모들이 의외로 많다는 것은 그다지 이상한 일이 아닐 것이다. 사모를 불쌍하게 여기는 성도들이 꽤 있다. 우선 부교역자 시절에는 경제적인 열악함 때문에 동정을 사게 된다. 그리고 성도의 입장에서 왠지 사모의 길은 외롭고 힘들어 보인다. 그래서 사모를 특별히 돕고 위로해 주는 성도들도 있고, 사모들은 그런 성도들에게서 위안을 받는다.
이래저래 사모들의 이미지는 너무도 수동적인 것 같다.

우리 교회에 등록한 지 얼마 되지 않은 성도가 병원에 입원하게 되었다. 가족적인 분위기의 교회에서 열심히 섬기던 성도였다. 그녀가 병원에 입원했을 때 나는 내심 마음이 많이 쓰였다. 이전에 다녔던 교회에서 입원을 했다면 하루가 멀다 하고 그 교회의 사모가 심방을 하였을 텐데 나는 그러지 못했기 때문이었다.

두 달 넘게 입원한 기간 동안 손에 꼽을 만큼밖에 심방하지 못한 미안함을 전할 때 그녀가 아주 의미심장한 말을 했다.

"그래도, 사모님은 걱정이 안 되어서 좋아요. 전에 다니던 교회의 사모님은 내가 너무 걱정이 되었는데 사모님을 보면 걱정이 안 돼요. 이제 사모님 걱정은 안 하고 살아도 되니 참 편해요."

왜 성도가 사모를 걱정해야 할까? 사모가 성도를 끌어안아야지 성도가 사모를 끌어안도록 해서는 안 될 것이다. 하지만 그렇지 않은 경우가 많은 것도 사실인 것 같다. 사모의 연약한 모습은 어떤 성도들에게 동정심을 유발하기도 한다. 그리고 그들에게서 많은 도움을 받게 된다. 하지만 그로 인해 사모의 지도력은 타격을 받게 된다. 또한 도움을 주지 못하는 성도들에게 위화감을 주기도 하며, 최악의 경우에는 당을 짓게 만드는 원인을 제공한다.

사모는 어머니와 같지만 또한 지도자이다. 항상 당당하고 자신감 있는 모습은 지도자가 반드시 갖추어야 할 덕 중에 하나이며 그런 면에서 사모도 예외가 아니라고 생각한다.

그러나 현실적으로 이 세상에 어느 사모가 자신감 있고 당당할까? 잘나면 잘난 대로 못나면 못난 대로 사모가 되는 순간부터 주눅이 들게 마련이다. 잘난 것이 오히려 약점이 되기까지 하는 것이 사모의 자리인데 어찌 위축되지 않겠는가?

연세 드신 어른들은 야무져 보이고 똑똑해 보이는 내게 염려가

섞인 말씀을 하실 때가 많다. 심지어 친정어머니마저도 내게 너무 나서지 말라고 하실 때면 기가 막힌다.

부임한 지 9개월 만에 겨우 위임식을 했는데 부교역자로 있던 교회에서 축하하러 오신 성도들에게 한 권사님이 그렇게 말씀하셨다고 한다. "우리 사모님은 너무 똑똑해서 탈이에요."

하지만 정작 나는 완벽주의와 소심한 성격으로 인해 열등감으로 똘똘 뭉친 사람이었다. 사모가 되기 위한 준비로 대학원까지 졸업한 것은 믿음이 좋아서가 결코 아니었다. 순전히 완벽주의와 열등감 때문이었다. 나보다 조금이라도 잘난 사람을 보면 기가 죽어버리는 성격 탓에 공부라도 해야 할 것 같았다. 그리고 내가 어렸을 때는 공부를 많이 한 사람이 인정받던 시기였기 때문에 공부를 많이 했다 하면 무시당하지 않을 것 같았다. 그래서 어려운 가정형편에도 불구하고 대학원까지 마쳤다. 그런데 막상 많이 배우고 나니 그마저 걸림돌이 될 때가 있는 것이다. 사모가 너무 잘난 척할 것 같고 목사를 힘들게 할 것 같은 선입견에 부딪쳐야 했다.

처음 교회를 방문하는 사람들은 나를 여전도사로 여길 만큼 교회 전반에서 많은 일을 했지만 대하는 성도들의 시선은 곱지 않았다. 오히려 무시와 험담만이 있었다. 몸과 마음이 다 탈진하도록 수고했음에도 돌아오는 말은 너무 잘나서 탈이라는 것이었고, 사모로서 많이 준비된 전문적인 부분보다는 집안 살림을 잘하지 못하는 약점만이 부각되기도 했다.

영과 영이 통하기 마련이라 성도들을 만나고 돌아오기만 하면 기운의 소진함이 심했다. 대하기 힘든 성도를 심방하고 돌아올 때나 주일을 지나고 나면 내 몸은 마치 두드려 맞은 것같이 욱신거렸다. 맞은 곳도 없는데 왜 이리 온몸이 다 아플까 생각하니 보이지 않는 성도들의 따가운 눈총 때문이었다. 심방 중에 일어나는 여러 일들로 인해 나는 일 주일에 삼 일은 체기로 죽만 먹어야 했다.

나는 성도들을 만나는 것이 점점 두려워지기 시작했다. 성도들만 만나면 주눅이 들었다. 그런 나 자신을 하나님 앞에 내려놓고 기도했다. 그러자 내 속에 두려움이 있다는 것을 보여주셨다. 그랬다. 나는 사람을 두려워하고 있었던 것이다. 그리고 그 두려움이 바로 죄라는 것을 깨달았다. 하나님을 보지 않고 사람을 보기 때문에 일어나는 감정이기 때문이었다. 사람들, 특히 성도들 앞에 사모로서 한없이 작아지는 내 모습은 겸손이 아니라 비굴함이었고 하나님 앞에서는 불신이었다. 그래서 난생 처음으로 하나님 앞에 담대함을 주시라고 간절히 기도하게 되었다.

사실, 그 전까지는 담대한 모습은 왠지 여성과 특히 사모와는 어울리지 않는 이미지로 여겨졌다. 그래서 항상 조용하고 얌전한 모습이 되기 위해 애를 써왔다. 그런데 담임목사의 사모가 되니 담대하지 못한 것이 죄라는 것을 알게 되었다. 담대함을 주시기를 간절히 기도하던 어느 금요기도회 도중 갑자기 평생 동안 한 번도 듣지 못했던 색다른 음성이 내 가슴에서 강렬하게 들려왔다.

"내가 사모지 니가 사모냐?"

기도하다 깜짝 놀라 눈을 떴다. 그 당시 서울에서 살다 온 나는 사투리를 쓰지 않았다. 그런데 평소 내가 전혀 쓰지 않는 투박한 경상도 사투리가 갑자기 내 속에서 들려온 것이다. 그런데 성령님께서 연약한 내 속에서 말씀해 주셨는지, 이상하게 이 음성을 들은 뒤로 모든 두려움이 순식간에 사라져 버렸다.

나를 한심스러운 듯이 바라보는 성도를 대할 때면 나도 모르게 '내가 사모지 니가 사모냐' 하는 말이 마음속에서 튀어나왔다. 이 음성을 들으며 내가 느낀 것은 나보다 잘나고, 신앙으로나 생활로나 훨씬 나은 저들을 택하지 않고 못나고 부족한 나를 하나님께서 사모로 불러주셨다는 것이다. 할렐루야!

이 얼마나 놀랍고 감격스러운 일인가? 사모로서 우리는 하나님께 부름 받은 자들이다. 잘나고 똑똑해서 부르신 것이 아니고, 단지 불러주셨다는 이유 하나로 사모가 된 것이다. 우리를 불러주셨다는 것이 얼마나 기쁜 일인가?

목회 현장은 언제나 역동적이라 예측이 안 되는 곳이다. 그러니 항상 실수가 많고 허물이 많다. 그래서 무너지고 초라해질 때마다 '나를 사모로 부르신 분이 하나님이다, 나의 많은 연약함을 이미 아시고 나를 불러주신 분이 바로 하나님이시다' 라는 믿음이 모든 절망을 극복하게 한다. 사모가 된 순간부터 우리는 선택받은 존재들이다. 가장 영광스러운 직분을 맡은 하나님의 동역자들인 것이다. 우리보다 훨씬 훌륭하고 잘난 사람들을 다 두고 못난 우리를 부르셨음을 잊지 말아야 한다.

내가 사모 됨이 오직 하나님으로부터 말미암았음을 알지 못했을 때 나는 나의 지식적 배경을 의지하고 내 신앙 연륜을 의지했었다. 나름대로 최선을 다해 사모의 길을 준비했다. 하지만 목회 현장에서의 실수와 실패로 그 모든 것이 무의미함을 알게 하신 하나님을 찬양하며, 그것을 깨닫게 한 우리 교회 성도들에게도 진심으로 감사하다.

우리는 자신의 연약한 모습을 두고 기도하며 고치려고 해야겠지만 우리의 부족한 모습이 사모의 자격과는 아무 관계가 없음을 알아야 한다. 우리가 다른 성도보다 지식 면이나 성격 면이나 심지어 영성 면에서 약하다 해도 주눅 들지 말아야 한다. 우리의 어떠함을 다 아시고도 불러주셨기 때문이다. 자기보다 나은 사람에게 기죽는 사람은 자기보다 못한 사람을 보면 잘난 척하게 된다. 이 두 가지의 행동은 교만이라는 같은 뿌리에서 시작된다.

그러므로 우리를 하나님이 불러주셨음을 믿고 부족한 모습 그대로 자신감 있게 걸어가는 것이 진정한 겸손임을 알아야 한다. 사모로서 당당함의 근거를 하나님의 부르심에 두는 것이 사모로서 가장 먼저 깨달아야 할 일이다.

나는 진정 나를 사랑한다. 하나님이 나를 사랑하시기 때문이다. 나는 내가 자랑스럽다. 하나님이 나를 부르셨기 때문이다. 나는 나의 실수를 인정하며 앞으로도 실수할 것을 안다. 하지만 그 실수를 덮어 가실 하나님의 능력 또한 믿는다. 나는 모든 사람에게 골고루 인정받을 수 없다는 것도 안다. 하지만 나는 나를 인정한다. 하나님이 나를 인정해 주셨기 때문이다.

하나님이 나를 부르실 그 날까지 나는 늘 당당할 것이다. 그리고 바라기는 이 땅의 모든 사모들도 사모로 불러주신 하나님 안에서 당당하길 바란다.

사모여,
세계를 품으라!

내 눈 주의 영광을 보네, 찬송 가운데 서신 주님!
주님의 얼굴은 온 세상 향하네. 권능의 팔을 드셨네.

열방을 향하시는 주님의 마음을 생각하면 내 가슴도 뜨겁다. 열방을 누비며 복음을 전할 날을 기대하기도 한다. 이런 열정은 나뿐 아니라 대부분의 사역자들이 품고 있을 것이다. 가난과 기아로 허덕이는 아이들의 맑은 눈망울과 거짓 종교의 교리에 눌려 신음하는 영혼들을 보노라면 누구라도 가슴이 녹지 않겠는가?

내가 영혼에 대한 열정이 남달리 뜨거웠던 것은 허물과 죄로 죽었던 나를 살리신 사랑의 체험이 너무 컸기 때문이었다. 예수님이 나를 위해 희생하셨듯이 한 영혼을 살릴 수만 있다면 얼마든지 희생할 수 있다는 각오를 다지기도 했다. 만나는 사람마다 복음을 전했고 나의 모든 것을 주님께 내어드렸다. 그런데 어느 날 내 심령 깊은 곳에서 하나님의 음성이 들렸다.

"얘야, 네가 나를 믿고 매우 기뻐서 그 감격을 전하기 위해 복음을 전한다더니 너무 지치고 힘들어하고 있구나. 난 네게 평안을 주기 위해 불렀는데 지금 너는 너무 큰 짐 때문에 지쳐 있구나."

이 음성을 듣고 정신이 번쩍 들었다. 은혜의 복음을 전하는 내가 사역의 무게에 눌려 고통으로 신음하고 있다면 이웃에게 무엇을 나눠준단 말인가?

"넌 다른 사람들 마음속에 나의 나라가 임하도록 열심히 전도하지만 네 심령은 나의 나라로 채워져 있니?"

그랬다. 나의 마음속엔 하나님의 평안과 화평 대신에 사역에 대한 중압감과 잠시도 쉬지 않고 일해야 한다는 강박관념으로 가득 차 있었다. 나 자신이 먼저 예수님이 베풀어주신 풍성한 삶을 누리지 못하면서 전도할 수는 없다는 것을 깨달은 뒤, 내 심령 속에 하나님의 나라가 먼저 임해야 한다는 것을 알게 되었다.

그리고 하나님께서 내 심령을 온전히 소유하시도록 나를 내려놓았을 때, 나는 온 우주 속에 거하시는 하나님을 만났다. 이 지구뿐 아니라 온 우주에 충만하신 지극히 크신 하나님을 만나면서 나는 지구에 거하는 모든 나라들보다 더 커다란 세계를 품게 되었다. 기도 가운데 광활하신 하나님을 만나면서 지구를 여행하는 것보다 더 넓은 세계를 보고 품게 되었다.

그 후, 나는 세계 열방의 영혼을 품는 것보다 하나님의 세계를 먼저 품는 것이 더 중요하다는 것을 알았다. 죽어 있는 영혼을 만나는 것도 중요하지만 그들을 만나서 하나님에 대해 소개하기 위해서는 내가 먼저 하나님을 잘 알아야만 했다.

쉴 새 없이 달려가던 사역을 내려놓고 하나님을 알아 가는 데 시간을 보내면서 내 심령엔 하나님의 나라가 임했다. 그리고 하나님으로 인한 풍성함과 놀라운 역사들을 체험하면서 기쁨과 평안이 자리하게 되었다. 사모로서 가장 먼저 해야 할 일 중의 하나가 사모 자신이 먼저 하나님 나라의 위대함을 볼 수 있고 그 안에서 하나님이 다스리는 나라의 행복을 맛보는 것이다. 그러면 그 평안과 행복은 남편과 자녀, 그리고 성도들에게로 흘러가게 되어 있다. 하나님의 나라가 이루어지는 것이다.

그런데 온 열방을 품고 그들에게 복음이 전파되기 원하고 또 복음을 전하기도 하지만 내가 잘 아는 사역자들이 나보다 더 크게 하나님께 쓰임 받는 것을 보면 축복해 주기보다는 부러운 마음이 앞서기 마련이다. 또 바로 이웃의 교회가 크게 부흥한다는 소식을 들으면 기뻐하기보다 무능한 내 모습에 주눅이 들 때가 더 많다. 내가 나가서 열심히 전도하는 것보다 더 어려운 일은 나보다 더 크게 사역하는 이들을 진심으로 축복해주고 도와주는 일이 아닐까?

하나님을 진심으로 사랑하고 그 나라의 확장을 진심으로 원한다면 누가 하나님께 크게 쓰임을 받든 그것으로 기뻐하고 기뻐할 수 있어야 할 것이다.

그런데 사실 이보다 더 어려운 것은 나를 힘들게 한 동역자를 축복하는 일이다. 내게 치명타를 날린 동역자가 하나님께 크게 쓰임받도록 기도한다는 것은 결코 쉬운 일이 아니다. 저주까지는 아니더라도 앞날이 평탄하지 못할 것이라는 생각마저 하기도 한다. 나 역시 그러했다. 그런데 가끔 나를 힘들게 했던 이들이 어려움을 겪는다는 소식을 듣노라면 그들의 어려움은 결국 하나님 나라의 어려움이라는 생각이 들었다. 비록 나를 힘들게 했다 해도 그들은 하나님의 동역자이고 하나님의 일을 하는 이들이었기 때문이다.

나와 맞지 않고 나를 힘들게 하는 동역자였다 해도 그들이 잘되는 것이 하나님이 잘되는 것이니 진심으로 축복해야 했다. 이웃을 사랑하고 복음이 온 땅에 전파되기 원한다면서 하나님의 동역자들을 품지 못한다는 것은 바른 일이 아니기 때문이었다.

하지만 동역자를 용서하는 것은 쉬운 일이 아니었다. 부교역자인 경우에는 더 그랬다. 부교역자가 힘들게 하고 대적하면 교회에 너무 큰 영향을 끼치기 때문이다. 뒤에서는 사람들을 선동해 담임

목사 험담을 하고, 앞에서는 담임 목사에게 인사도 하지 않고 대들기까지 했을 때 참으로 황망했다.

그런데 어느 날, 찬양 인도를 하던 그 부교역자가 "……내가 너를 지명하여 불렀나니 너는 내 것이라 내 것이라 너의 하나님이라 내가 너를 보배롭고 존귀하게 여기노라 너를 사랑하는 네 여호와라"라는 찬양을 불렀다.

그가 이 찬양을 불렀을 때, 그를 지명하시고 부르시며 존귀하게 여기시는 하나님을 느꼈다. 그도 하나님이 진심으로 사랑하는 하나님의 사역자라는 생각이 들자 미움이 사라지고 그를 위해 진심으로 기도하게 되었다.

물론 그를 사랑하고 용서하는 것은 말도 통하지 않고 피부색이나 문화가 전혀 다른 이들을 사랑하는 것보다 훨씬 힘든 일이었다. 하지만 나를 향한 하나님의 사랑과 하나님을 향한 나의 사랑은 그 일을 가능하게 했다.

그를 용서하고 위해서 기도하면서, 세계의 영혼을 품기 전에 우리가 먼저 품어야 할 땅은 우리의 동역자들인 것을 알았다. 나와 함께 부교역자 생활을 했던 이들이 나보다 잘 될 때 진심으로 기뻐해줄 수 있어야 한다. 나와 라이벌 관계였거나 사이가 좋지 않은 이들이라도 그들이 목회지에서 하나님의 나라를 확장시킬 때 진심으로 박수를 쳐줄 수 있어야 한다. 그런 사람이 진실로 세계를 가슴에 품은 사람이다.

먹지 못해 비쩍 마른 엄마의 빈 젖을 물고 있는 커다란 눈망울의 아이들을 사랑하는 것보다 내 주변의 동역자들을 축복하는 것은 훨씬 어렵다. 그러나 우리의 동역자들을 통해 하나님의 나라가 확장된다면 진심으로 기뻐할 수 있어야 한다. 그렇게 될 때 하나님의 나라는 지금보다 훨씬 더 크게 확장될 것이다. 그리고 우리를 힘들게 하는 이들을 위해서도 진심으로 기도해야 할 것이다.

나를 힘들게 했던 수많은 동역자들을 용서하고 그들을 위해 진심으로 기도할 수 있도록 몸부림쳤다. 그 몸부림은 나를 부인하는 일이었고, 죽기까지 복종하는 일이었다. 참으로 쉽지 않은 과정들이었다. 그러나 진정으로 그들을 품어 갔을 때 하나님은 나를 복 주셨고, 나를 높여 주셨다. 참으로 하나님이 살아 계신 것을 더욱 실감하게 하신다.

우리 안에 평안과 기쁨이 가득한 나라가 임하도록 내 가슴을 주 앞에 비우는 것, 그리고 세계 속에 있는 불쌍한 영혼들을 품기 전에 우리 주변에 있는 하나님의 동역자들을 품는 것이, 우리에게는 먼저 풀어야 할 과제들이다.

진정한 하나님의 나라가 우리 모두의 가슴속에, 특별히 이 땅의 사모들에게 임하기를 기도한다.

사모여,
선 긋기를 잘하라!

한때 우리 교회의 부교역자였던 분과 통화를 나눈 적이 있었다. 그 때 그는 내게 이런 말을 했다.

"그 결정을 내린 분이 사모님입니까? 목사님입니까?"

그의 질문에는 뼈가 있었다. 내가 남편을 좌지우지하는 것처럼 여겼다는 말이다. 그는 남편의 목회 초기에 함께했던 교역자였는데 사모가 사역 일선에 나서는 것에 대해 좋지 않게 여겼던 것 같다. 물론 그의 문제만은 아니라 생각한다. 그가 그렇게 생각한 데에는 많은 성도들의 동조도 한몫 했으리라. 40년이 된 교회에다, 보수적인 대구의 교회에서 다른 사모에 비해 많은 일을 하는 나를 그렇게 본 것은 당연하다고 할 수 있다.

하지만 몇 년이 지나면서 열심히 일하는 사모에 대해 부정적으로 여기기보다는 좋게 여기는 사람을 훨씬 많이 만나는 은혜를 누렸다. 새로 부임한 여전도사의 말에 의하면, 전에 섬기던 교회의 사모님은 매우 똑똑하고 모든 면에 탁월하셨다는데 그 사모님을 욕하는 성도들이 많았다고 한다. 그런데 그 사모님과 이미지가 비슷한 나를 욕하는 성도들은 거의 없는 것 같다며 이상하다고 했다.

열심히 사역을 하면서도 교회와 성도들과 조화를 이룬 것은 하나님의 전적인 도우심과 긍휼하심 덕분이다. 거기다 굳이 비결을 찾자면 선 긋기를 잘했기 때문이 아닐까 싶다.

하나님은 당신의 백성들에게 기업을 나누어 주셨다. 아브라함에게 가나안 땅을 약속하셨고, 이스라엘 백성들에게도 가나안 땅을 기업으로 주셨다. 그런데 기업을 나누어 주시면서 하나님이 하신 또 한 가지 일은 경계를 정하셨다는 것이다. 각 지파별로 지경을 정하고 제비를 뽑게 하셨다. 그리고 개인마다 지계석을 설치하고 그 지계석을 옮기지 못하게 하셨다.

땅을 근거로 하지 않고 생활하는 현대사회에서도 각자의 영역과 지경이 있고, 그 지경에 경계선을 긋는 일은 무척이나 중요하다. 각 개인의 경계선을 지키고 존중해 주는 일을 잘하는 것은 대인관계를 잘한다는 것을 의미한다. 각자의 경계가 분명하면 분쟁과 갈등이 줄어들기 때문이다. 그러므로 사모는 경계선을 긋는 일에 지혜가 있어야만 한다. 그런데 실제 삶의 현장에서 선을 긋는다는 것은 정답이 없는 어려운 일이다. 각자의 가치관이 다르고 성격이 다르며 환경이 다르기 때문이다. 하지만 분명한 것은 우리는 각자 자신의 영역을 발견하고 그 영역을 잘 가꾸어야 한다는 것이다. 또한 다른 사람의 영역을 존중해 주어야만 한다.

교회 안에서 사모가 자신의 영역을 발견하고 발전시켜 가는 것은 좋은 일이다. 그렇게 하지 않으면 사모는 소외되기 마련이다. 사모가 교회와 성도에게서 소외되면 큰 물의는 일으키지 않겠지만 하나님 보시기에 좋지 않으며 하나님 나라의 확장에도 손해가 될 수 있다. 또한 교회에서 자신의 영역이 분명한 사모가 남편의 목회를 더 효과적으로 도울 수 있다. 간혹 열심히 일하는 사모가 교회와 남편에게 덕을 세우기보다는 손해를 끼치는 경우가 있다. 이는 경계선을 제대로 지키지 않은 것이 원인일 때가 많다.

땅과 달리 대인관계에서 경계를 정한다는 것은 어려운 일이다. 땅 같은 경우는 경계선을 그으면 서로 남의 땅에 들어가지 않는다. 들어가려고 할 때는 허락을 받아야 된다. 마찬가지로 각 개인은 하나님 앞에서 각자의 영역과 소명이 있다. 그리고 그 영역은 아무나 쉽게 들어가서는 안 된다. 아무나 들어오는 것을 허용해서도 안 된다.

하나님께서 맡겨주신 소명의 영역은 부부라 할지라도 함부로 간섭하거나 침범할 수 없다. 사역을 많이 하고 탁월하게 하는 사모일수록 남편의 영역을 침범하기 쉽다. 사모가 목회에 전문적이고 적절한 조언을 하는 것은 반드시 필요하지만 그것이 간섭이나 조종이 되어서는 안 된다. 조언이란 자신의 의견을 말하는 것에 그치는 것이다. 조언을 받아들이고 거부하고는 상대방의 결정에 맡긴다. 그리고 상대방의 결정에 대해 마음쓰지 않는다. 남편이 자신의 의견을 받아들이건 받아들이지 않건 그것은 남편이 결정할 일이라는 것을 인정하는 것이다.

그런데 조종이나 간섭은 상대방이 자신의 의견을 받아들이지 않는 것을 견딜 수 없어 한다. 특히 조종은 상대방이 자신의 의견을 받아들이도록 모든 수단과 방법을 동원한다. 애교나 칭찬이 남편을 조종하기 위한 것이라면 바람직하지 않다. 어른인 남편을 구슬리는 것이 되기 때문이다. 칭찬이 좋은 것이기는 하지만 반드시 진실한 칭찬이어야 한다. 그리고 칭찬은 칭찬으로 그쳐야 한다. 상대방을 조종하기 위해, 상대방을 구슬리기 위해 하는 칭찬은 상대방을 모욕하는 행위이며 영역을 침범하는 것이다. 부부는 서로가 서로를 어른으로 인정해야 한다. 자신의 일에 대해 스스로 결정을 내리고 그 결정에 책임을 지는 것이 어른이다. 사모는 교회 사역 전반을 반드시 남편이 결정을 내리고 남편이 책임지도록 해야 한다. 또한 남편이 내린 결정에 대해 전적으로 지지해 주고 최선을 다해 도와야 한다. 그리고 사모의 영역에 해당하는 사역이라도 그 초점을 남편의 목회 방침에 맞추어 해야 한다.

조언을 하는 사람의 기본자세는 겸손한 마음과 상대방을 존중하고 존경하는 데서 시작한다. 하지만 조종이나 간섭은 상대방을 무시하고 인정하지 않는 마음이 깔려 있다. 남편의 결정을 미덥지 않고 불안하게 여기면 계속해서 조종하려고 하게 된다. 하지만 남편인 목사를 존경하는 마음에서 하는 조언은 남편이 어떤 결정을 내리더라도, 설사 자신의 조언이 받아들여지지 않더라도 진심으로 순종할 수 있다. 나는 쉴 새 없이 남편에게 조언을 하는 편이지만 한 번도 남편을 무시하지 않았다. 진심으로 존경하고 순종하는 편이다. 그것이 사모의 영역이고 사모의 한계이기 때문이다. 이 한계를 지키는 것을 하나님이 원하시고 기뻐하시리라 여긴다.

또 탁월한 사모들 가운데는 목사가 할 일을 자신이 하는 경우가 있다. 우리가 남을 돕는 것이 성경적이지만 남이 할 수 있는 일까지 해서는 안 된다. 그것은 다른 사람의 인생을 자신이 대신 사는 것이며, 영역을 침범하는 것이 된다. 선을 잘 긋는 사모는 남편이 할 일을 대신 하지 않는다. 설사 사모가 그 일을 더 잘할 수 있다 해도 자신의 영역이 아닌 일은 하지 않는 것이 지혜롭다. 우리 인생은 다른 사람의 인생을 대신 살아 줄 만큼 시간이 많고 여유가 많지 않다. 각자 자신이 할 일을 충실히 하기에도 빠듯하다. 그러므로 서로 자신의 일을 잘해 나가는 것이 최선의 동역이다.

목회에 있어서 또 하나의 중요한 경계선이 있다면 하나님의 영역과 우리의 영역이다. 우리는 최선을 다해야 한다. 하지만 그 열매는 하나님이 주신다. 아무리 열심히 해도 열매가 나타나지 않고 성장이 멈출 때, 우리는 좌절하고 힘을 잃어버린다. 때로는 목사의 무능함을 원망하든지 사모 자신의 결점을 찾아서 정죄한다. 그러나 열매를 주시고 부흥을 주시는 분이 하나님이심을 믿는다면 교회의 성장이 멈춘 암담한 현실에서도 담담할 수 있다. 성장이 오랫동안 멈춘 상황에서도 처음과 똑같이 최선을 다하는 사람이 진정한 믿음의 사람이다.

사역에 있어서 이런 태도는 반드시 필요하다. 성장이 멈추는 것을 남편 탓으로 돌리는 사모는 만약 교회가 부흥하면 남편이 잘해서 그렇다고 할 것이다. 그것은 목회에 있어서 하나님의 영역을 인정하지 않는 일이며 무시하는 태도이다. 성장이 멈출 때는 하나님의 섭리를 바라고 기다리며 끝까지 최선을 다해야 한다. 그리고 교회에 부흥이 일어나도 하나님이 전적으로 하신 일임을 고백하는 것이 하나님의 영역을 인정하는 태도이다. 그리고 이 영역은 결코 인간이 침범해서는 안 될 부분이다.

대구의 한 교회에 부임한 후 교회가 해마다 계속 성장했다. 그리고 4년 만에 건축마저 은혜롭게 끝냈다. 건축 과정에도 교회를 떠난 성도가 없었고, 오히려 일 년에 오십 명씩이나 늘어갔다. 그런데 건축이 끝난 뒤부터 성장이 둔화되고 교회에 사소한 갈등들이 일어났다. 그 때 남편은 하나님이 일하실 때를 소망하고 기다린다고 하였다. 그 말을 들은 나도 하나님이 일하실 것을 기대했다. 남편에게 어떤 문제가 있는 것은 아닌가 하는 고민은 한 번도 하지 않았다.

그렇게 하나님이 일하시는 것을 기다리는 일은 결코 쉬운 일이 아니었다. 하지만 이 후에 부흥을 주시면 하나님이 하셨다고 고백

하리라는 열망으로 그 힘들고 어려운 시기를 지내왔다. 그렇게 2년이 지난 후 하나님께서는 말할 수 없는 큰 부흥의 역사를 이루어 주셨다. 기나긴 고난의 세월은 남편을 더욱 강력한 하나님의 사람으로 세워갔고, 마침내 늘 사모하고 사모하던 놀라운 역사들이 일어나기 시작했다. 그 인내의 세월 속에서 나는 한 번도 남편을 의심하거나 불신하지 않았다. 그리고 실패와 낮아짐의 세월을 겸손하고 평안하게 받아들일 수 있었다. 교회가 부흥하고, 하지 않고는 모두 하나님의 전능하신 손 아래 있다는 것을 믿었기 때문이었다.

프로 사모는 목사에게 지혜롭고 탁월한 조언을 할 수 있을 것이다. 하지만 사모 본연의 자리로 돌아가 겸손히 순종하고 섬길 수 있어야만 한다. 교회의 궁극적인 부흥이 하나님에게서 비롯되는 것임을 믿는다면 사모가 할 일은 겸손히 목사인 남편을 존경하고 순종하는 것이다. 혹시 부흥이 되지 않을지라도 우리를 그 자리에 있게 하신 하나님을 바라보며 믿음으로 인내하며 자신의 지경을 지키는 것이 믿음이다. 이런 믿음은 교회를 크게 부흥시키는 것보다 더 큰 믿음이고 더 성숙한 믿음이다.

목사이기 이전에 인간으로서 남편을 존경할 수 있는 사모는 많지 않을 것이다. 하지만 아브라함만큼 못난 남편이 또 있을까? 그는 아내를 두 번이나 팔아먹었다. 그것도 모자라 종에게서 아들을 얻으니 아내를 무시했다. 성경에는 하갈이 사라를 무시한 것으로 나오지만 그것은 아브라함이 처신을 제대로 하지 않은 탓이다. 당시 풍습은 종이 아이를 낳으면 여주인에게 주어야 했고, 종은 아이와 주인에게서 떠나야 했다. 하지만 아브라함은 하갈을 끼고 돌았다. 그래서 하갈은 기고만장해지고 사라를 무시한 것이다. 여러 정황들을 살펴볼 때, 사라는 아브라함 때문에 마음고생이 심했을 것이다.

그러나 베드로전서에 보면 사라는 아브라함을 '주'로 칭하며 순종했다고 한다. 나는 사라가 왜 아브라함을 '주'로 순종했을까 생각해 보았다. 그 이유는 아브라함에게 하나님이 나타나셨고 아브라함에게 하나님의 뜻을 보이셨기 때문이라고 생각한다. 사라는 남편으로서의 아브라함을 보기 전에 선지자로서의 아브라함을 본 것이다. 그리고 이것은 하나님을 믿는 믿음에서 비롯되었다. 그래서 베드로는 사라를 '하나님께 소망을 둔 거룩한 부녀'라고 했다. 그리고 히브리서의 저자는 믿음의 조상의 대열에 사라를 올렸다. 여자로서 이 대열에 당당히 설 수 있었던 사라는 남편의 인간적인 면을 보기 전에 믿음의 눈으로 남편을 보았다. 사모도 하나님의 사자로서 남편을 볼 수 있어야 할 것 같다. 이것이 사모에게 요구되는 믿음이 아닐까?

남편과의 갈등이 있을 때마다 나는 사라를 묵상한다. 그리고 하나님 앞에서 남편에게 순종하고 복종하기 위해 최선을 다한다. 고백하건대 어떨 때는 나 자신과의 처절한 싸움을 하며 하나님의 도우심을 간절히 구하기도 한다.

성경공부나 심방 때 남편에게 순종하고 존경하라는 권면을 할 때면 "목사님 같은 분이 내 남편이라면 나도 존경하겠습니다"라고 성도들이 말할 만큼 목사로서, 남편으로서 훌륭한 나의 남편! 그분이 본래 훌륭했는지, 내가 말씀에 순종하며 존경했기 때문에 훌륭한 목사님이 되었는지는 정말 알 수 없다.

하지만 다른 사모들에 비해 많은 사역을 하면서도 별다른 갈등이 생기지 않는 것은 내 자리를 분명히 알고 선을 잘 그었기 때문이다.

사모여,
사랑하라
다시 사랑하라!

두런거리던 말소리가 잦아든다. 아이들의 웃음소리도 엄마 따라 집으로 가면 예배당에 고요한 달빛이 찾아든다. 예배당 한쪽에서 조용히 두 손 모으면 내 평생의 사랑을 만난다. 한 순간도 나를 떠나지 않고 한 번도 나를 외면하지 않은 은밀하면서도 격정적인 사랑!

매우 행복한 순간이다. 이 큰 행복을 아이들에게 가르치고 싶다. 국어, 영어, 수학 등 여러 학문보다 사랑이 무엇인지, 어떻게 사랑을 느끼며 사는지를 가르치고 싶다. 사랑하며 사는 것이 인생을 가장 행복하게 하고, 자유를 누리게 하기 때문이다. 사랑을 하지 못하고 산다면 그 인생은 참된 인생이 아니다. 모든 것을 잃어도 사랑을 잃지 않으면 살 수 있다. 하지만 모든 것을 가져도 사랑을 잃으면 다 잃은 것이다.

하나님이 사랑이시기 때문이다.

대학교 다닐 때 우연히 기도원에 간 적이 있다. 아주 유명한 강사가 와서 집회를 인도하였다. 강사의 말씀이 끝나고 하나님께 축복받기를 위해 기도하라고 하셨다. 모든 사람들이 무릎을 꿇고 하나님께 건강과 물질, 성공의 축복을 구했다. 그런데 나는 오직 사랑의 은사만을 구했다. 나의 가슴은 터질 것만 같았고, 애간장이 녹고, 창자가 끊어지는 것 같았다. 그렇게 간절하게 기도해 본 적은 처음이었다.

그 당시 우리 대학부는 수련회를 통해서 크게 부흥하고 있었다. 수련회 때 성령의 은사를 체험한 이들이 많았다. 방언은 말할 것도 없고, 예언, 병 고치는 은사도 받았다. 은사를 받은 대학부 회원들은 만나면 기도하고 은혜를 나누었다. 그리고 아직 은혜를 받지 못한 친구들을 위해 기도하기도 하고, 예언을 해주기도 했다.

수련회를 통해서는 은사를 받지 못했던 나는 성령의 은사를 받은 지체들과 그렇지 못한 지체들의 관계를 지켜보았다. 수련회를 가기 전부터 대학부에 적응하지 못하고 교회 밖에서 맴돌던 지체들은 여전히 교회에 잘 나오지 않았다. 그러자 은사를 받아 충만한 지체들은 그들을 놓고 기도하기도 하고 권면하기도 했다. 때로는 예언 기도를 해주기도 했다. 하지만 오히려 그 지체들은 공동체에서 더 멀어져 가기만 하는 것을 느꼈다.

저렇게 성령의 은사와 기적이 강력하게 나타나는데도 왜 교회 밖에서 맴도는 지체들은 여전히 교회에 잘 나오지 않을까 고민하던 중 어렴풋이 은사를 받은 아이들 속에 사랑이 없다는 것이 느껴졌다. 그리고 나에게는 은사도 사랑도 없었음을 깨달았다.

그런 고민 가운데 우연히 기도원에 가게 되었다. 유명한 강사가 인도하는 집회에는 성령의 역사가 뜨겁게 일어났다. 수련회 때 아무 은혜도 은사도 받지 못해서 초라해지고 소외된 듯한 나였지만 눈에 보이는 다른 은사들보다 오직 사랑의 은사를 구했다. 매우 간절히 원했다. 지금도 그 때의 내 마음을 생각하면 가슴이 시려올 만큼 목이 터져라 사랑의 은사를 주시기를 구했다. 내 속에는 은사도, 사랑도 없었다. 사람을 사랑하는 마음이 조금도 없는 나 자신의 가난함과 연약함을 놓고 애절하게 기도했다.

사랑의 은사를 간절히 구한 후로 내게 사랑의 은사가 분명히 생긴 것이 느껴졌다. 모든 사람을 대하는 내 마음과 내 눈이 이전과 달랐다. 사랑하는 마음이 절로 생겼다. 그런데 신기하게도 사랑의 은사를 받은 후로 내 주위에 사람들이 모이기 시작했다. 그렇게 예언 기도를 받아도 교회에 잘 나오지 않던 지체들이 내가 오라고 하니 대학부 모임에 다시 참석하기도 했다. 주일학교도 내가 맡은 반 아이들이 늘어가기 시작했다. 뿐만 아니라 그렇게 가르쳐도 변화되지 않던 아이들이 변화되기 시작했다.

사랑의 은사가 제일 큰 이유를 알 수 있었다. 영혼을 구원하는 데는 어떤 은사보다 사랑의 은사가 필요했다. 사랑의 은사를 받으니 모든 사람이 다 사랑스러워 견딜 수 없었다. 그 사람 자체로 그냥 사랑하게 되었다. 어떤 허물이나 약점도 저절로 덮어졌다. 더 놀라운 것은 나 자신을 사랑하게 된 것이다. 우울질에 완벽주의에다 소심한 나는 자신에 대해 늘 열등감이 많았다. 항상 스스로에 대해 불만이었다. 그런데 다른 사람들의 모든 약점과 허물을 진심으로 사랑하게 되니 나 자신도 사랑할 수 있게 되었다. 다른 사람의 모습 그대로 사랑하듯이 내 모습도 있는 그대로 사랑할 수 있었다. 그러자 신앙생활이 즐거워지고 행복해지기 시작했다.

무녀의 길을 가다가 절에 들어가 나름대로 도를 닦던 이가 교회에 등록을 했다. 꿈속에서 등에 십자가를 지고 하늘로 떠올랐는데 절에 있던 사람들이 다 우리 교회로 가는 것을 본 것이다. 그리고 자기 발로 교회에 왔는데 진리를 찾아서 많이 방황하던 자매라 말씀을 접하면서 빨리 믿음의 자리에 들어섰다. 그런데 얼마 가지 않아 교회에 나오지 않았다. 그 이유는 성도들의 모습 때문이었다. 믿음이 있다고 하는 이들의 삶이 부족해 보이기도 했고, 성도들 간의 갈등을 지켜보면서 환멸을 느낀 것이다. 그러면서 교인들은 다 왜 그러냐고 했다.

이런 고민이 비단 이 자매의 문제만은 아닐 것이다. 누구든지 처음 교회에 오는 사람은 성도들이 다 천사처럼 보인다. 하지만 얼마 가지 않아 성도들에게 실망하고 만다. 그것은 어느 누구의 잘못이 아니다. 사실 교회라는 곳은 아주 특별한 사회이다. 갓난아기부터 노년층까지 함께한다. 그리고 교육 수준이나 가정 환경이 아주 다른 사람들이 한자리에 모인다. 어찌 갈등이 없을 수 있을까?

　반면에 절은 그렇게 많이 부딪힐 일이 없다. 혼자 가서 절하고 탑 돌고 시주하고 오는 곳이다. 하지만 교회는 끝없이 서로 만나야 하고 부딪혀야 한다. 더구나 서로 다른 조건의 사람들이 한자리에서 그 일을 같이 해야 한다. 그 중에는 성숙한 그리스도인이 있고 그렇지 않은 그리스도인도 있어서 언제나 갈등 상황은 존재한다. 그러다 보니 우리 모두는 교회 안에서 상처를 받지 않을 수 없다.

　신앙생활 가운데 모든 사람들이 하나님을 사랑하는 것은 어렵지 않다. 하나님은 우리가 하나님을 사랑하는 것보다 훨씬 더 우리를 사랑하시기 때문이다. 하지만 사람을 사랑한다는 것은 참 힘들고 어려운 일이다. 사모가 힘든 것도 사람을 무조건 사랑해야 하기 때문이다. 그것도 끝없이 주어야 하고 보상을 바랄 수도 없기 때문이다. 나 자신을 있는 대로 다 내어주며 사랑하고, 우리 자녀들을 희생하면서까지 교회와 성도를 섬겼지만 도시에서 자라서인지 사랑이 없는 것 같다는 말을 중직자에게 직접 들었을 때는 기가 막혔다. 이것이 대부분의 사모들이 처한 형편이 아닐까? 그리고 그들을 여전히 사랑해야만 하는 것이 사모의 자리이다.

　사랑의 능력은 위대해서 능치 못할 것이 없다. 귀신 들린 사람도, 병든 사람도, 정신 질환자도 결국 사랑으로만 치료할 수 있다. 거식증에 시달리며 자해를 수없이 하는 아가씨가 교회에 등록을 했다. 그녀를 위해 기도하려고 하자 이상한 목소리로 말을 하며 발작을 일으켰다. 몇몇이 그녀를 둘러싸자 막 날뛰기 시작했다. 그녀 속에 있는 귀신을 쫓아내기 위해 다른 사람들이 기도하는 동안 나는 그녀의 영혼이 너무 불쌍해서 울었다. 그녀의 뒤에서 등을 정성껏 쓸어주었다. 그 영혼을 향한 사랑을 하나님께서 내 마음에 부어주셨다.

그런데 다른 사람에게 침을 뱉기도 하고 날뛰던 그녀가 갑자기 고개를 획 돌리더니 나를 노려봤다. 머리를 풀어헤치고 그 커다란 눈에 핏발이 잔뜩 서서 나를 노려보던 눈은 영락없이 전설의 고향의 한 장면이었다. 한참 동안 나를 노려보는 그녀에게 예수의 이름으로 귀신을 내쫓는 대신에 예수님의 사랑으로, 예수님의 가슴으로 그녀의 눈을 바라보았다. 얼마나 시간이 흘렀을까? 나를 노려보던 그녀의 눈에서 힘이 풀렸다. 그리고 얼마 후, 그녀는 목사님을 따라 영접기도를 했다.

이 자매는 아직도 많은 어려움과 아픔을 지니고 있지만 귀신의 세력이 떠나고 많이 좋아졌다. 하지만 사랑의 부족에서 오는 정서적인 많은 문제를 안고 있다. 그녀의 어머니와 그녀가 제대로 걷기까지는 또 수많은 만남과 세월이 필요할 것이다. 그런데 이 모녀에게 나보다 먼저 다가가서 돌보는 집사님을 보았다. 서울에서 십 수년 우울증을 앓다가 우리 교회에 등록하고 나와 함께 성경공부를 한 집사님이다. 그다지 공부를 열심히 하시지 않아 내 속을 무던히도 썩였는데 그 모녀에게 제일 열심히 다가가 위로하고 있었다. 우연히 지나가다가 그 집사님이 모녀에게 사모님과 성경공부를 같이 하라고 강권하는 말을 들었다. 웬만한 의사보다 사모님과 공부하는 것이 훨씬 더 도움이 된다면서 모녀가 함께 사모님과 성경 공부를 하라고 권하는 것이었다. 그 집사님은 내가 성경공부를 가르친 것이 아니라 사랑을 주었다는 것을 아직은 잘 모를 것이다. 하지만 나는 오직 주의 사랑이 사람을 치료하고 사랑이 또 다른 사랑을 낳는 것을 본다.

가끔씩 길을 가다가 나도 모르게 내가 풍선을 타고 하늘로 둥둥 떠오르는 것 같은 기분이 든다. 잠을 자다가도 매우 행복해서 심장이 두근거리기도 한다. 새벽기도를 마치고 돌아오는 길은 발이 땅에 닿지 않는 것처럼 발걸음이 가볍다. 하나님의 사랑만 생각하면 가슴이 한없이 부풀어 오른다. 아무리 어려운 일이 있어도 하나님만 생각하면 미소가 지어진다.

수없이 많은 사람들에게 사랑을 주었지만 배신과 무시로 되돌아올 때가 얼마나 많았는가? 하지만 내가 사랑한 만큼 돌려주지 않는 사람들이라도 그들을 사랑할 때가 훨씬 행복하다. 자주 사람에게 배신을 당하는 내게 어떤 이들은 사람을 조심하라고, 지혜롭게 대처하라고 한다. 하지만 당하고 당해도 끝없이 사랑을 주는 것이 더 낫다. 그 사람의 어떠함에도 불구하고 계속 사랑할 수 있는 사람이 더 행복하고 더 성숙한 것이다.

끝없이 조건 없이 누군가를 사랑할 수 있는 것은 오직 하나님을 진심으로 사랑할 때 가능하다. 하나님을 진심으로 사랑하면 모든 상황에서 자유를 누릴 수 있게 된다. 내가 양육한 성도가 다른 교회로 간다 해도 하나님의 입장에서 생각하면 툴툴 털어낼 수 있다. 그가 하나님을 떠난 것이 아니지 않은가? 나보다 다른 성도나 교회가 잘 된다 해도 하나님이 잘 되는 것이니 진심으로 기뻐해 줄 수 있다. 나를 해롭게 한 하나님의 사람들에 대해서도 빨리 용서할 수 있게 된다. 목회가 아무리 힘들어도 내가 사랑하는 하나님, 나를 사랑하시는 하나님만 바라보면 모든 고통은 눈 녹듯 사라지기 마련이다. 그래서 진정한 사랑이 있으면 많은 것에서 자유할 수 있다.

사랑은 매우 위대하고 큰 힘이 있다. 모든 것을 가능하게 한다. 그렇기 때문에 우리 속에 있는 것이 아니다. 오직 하나님께만 그 능력이 있다. 많은 은사로 큰 기적을 행한다고 해서 목회를 잘하는 것이 아니다. 오직 사랑만이 영혼을 하나님께로 이끌어 오기 때문이다. 모든 은사와 더불어 사랑이 있다면 좋지 않겠는가?

예수님께서 이 땅에서 수많은 이적과 기사를 행하셨지만 결국에는 십자가를 지셨다. 사랑만이 인류를 구원하는 길임을 보여주신 것이다. 사랑의 은사를 받고 난 후 내 안에서 넘쳐나는 사랑의 감정은 참으로 내 것이 아니었다. 어디든 목회가 어렵겠지만 대구에서의 목회는 정말로 만만하지 않았다. 더구나 목회자가 수없이 바뀐 교회에서의 목회는 이루 말할 수 없을 만큼 힘든 상황의 연속이었다. 하지만 늘 기쁘고, 늘 감사하며 지내올 수 있었던 것은 오직 사랑의 힘 덕분이었다. 우리 인간 안에는 없는 사랑이, 전에는 결코 없던 사랑이 내 안에서 넘쳐나는 것은 위로부터 부어지는 크신 은혜이다.

모든 성도가 필요하지만 특히 사모는 사랑의 은사가 충만해야 한다. 그 어떤 은사보다 그 어떤 지식보다 중요한 것은 사랑이다. 오늘의 교회가 시설, 재정, 사람 모든 게 풍족하면서도 수평 이동에 그치고 성도의 수가 자꾸 줄어드는 것도 우리가 갖춘 실력에 비해 사랑이 부족하기 때문이 아닐까. 사랑만이 영혼을 잉태할 수 있고 영혼을 세워 갈 수 있다.

목회가 안정이 되고 하나님이 주신 많은 복을 누리는 지금, 내가 가장 갈급하고 배고픈 것은 애통하는 마음이다. 성도의 삶을 놓고 성도의 아픔을 놓고 간절하게 눈물로 기도할 수 있는 사랑의 마음이다. 사모의 눈물이 교회를 부흥시키고, 성도를 행복하게 하기 때문이다. 모든 에너지가 다 빠져 나간 내게 가장 부족한 부분이다. 그러나 모든 것에 풍성하고 풍성하신 하나님께서 때가 되면 다시 눈물을 회복시키시고 사랑을 회복시키실 것을 믿는다.

사모여,
영적 권세를 누려라!

하나님께 사모로 부름 받았다고 생각할 때부터 사모로서 부족함이 없도록 준비하려고 애를 썼다. 그래서 지방에서 알아주는 대학을 졸업하고 기독교교육학과 대학원을 졸업했을 때, 이 정도면 성도들에게 무시당하지 않을 것이라는 순진한 생각을 했다.

하지만 나의 이 생각은 목회 가운데서 무참히 깨어졌다. 성도들은 사모의 학벌을 원한 것이 아니고 영성을 원했기 때문이었다(물론 사모가 학력이 부족하고 기도만 많이 하면 학벌 때문에 무시했을 가능성도 있지만……).

새벽기도 훈련을 전혀 하지 않은데다 선천적으로 지독한 야행

성이었던 내가 갑자기 온갖 심방에, 어린 세 아이의 뒷바라지를 하다 보니 새벽에는 완전히 비몽사몽이었다. 새벽기도 시간에 졸기만 하는 나를 바라보는 성도들의 시선은 곱지 않았다. 심지어 어떤 성도들은 많이 배운 사람은 영적인 은사를 받기 어렵다는 선입견을 가지고 나를 대하기도 했다. 학력과 영적인 은사와 연관을 짓는 말도 안 되는 이 말들은 안타깝게도 성도들에게 영향을 미쳤고, 목회 내내 어떤 부류의 성도들에게 영성을 인정받지 못하기도 했다.

나의 연배에서는 사모로서 뒤지지 않는 학벌이라 목회 현장에서 무시당하지 않으리라 기대했지만 천만의 말씀이었다. 예언이나 병 고치는 은사처럼 이적을 따라다니는 성도들에게 나는 영성이 전혀 없는 사모로 비친 것이다.

목회 초기 성도들은 나를 영성이 부족한 사모로 여기기도 했지만 정작 나 자신은 이제까지 경험해 보지 못했던 영적인 부요함을 누릴 수 있었다. 그토록 애를 써도 열리지 않던 기도의 문이 저절로 열리고, 오랫동안 듣지 못했던 하나님의 음성을 들을 수 있었다. 그리고 목사님의 말씀에 늘 큰 은혜를 받았다. 심지어 부부싸움을 심하게 하고 간 날에도 말씀의 은혜에 마음이 녹아지는 것이었다.

부교역자 시절, 남편이 담임 목회지로 나가려고 애를 쓸 때 나는 심히 두렵고 자신이 없었다. 아이들도 어린 데다 영적으로 최악의 상태였기 때문이었다. 영성이 좀 회복된 뒤 담임 목회지로 가고 싶었다. 하지만 남편의 마음이 간절했기에 선배 사모님들께 조언을 구했다. 그때 선배 사모님들께서 하시는 말씀은 한결같이 닥치면 다 해낸다는 것이었다. 당시의 내 영성으로 도저히 감당할 수 없는 여건이었지만 남편에게 길이 열리고 마침내 담임목사의 사모가 되었다.

그런데 담임 사모가 되는 순간 하나님께서 이전과 다른 영적인 능력과 은혜를 부어주시는 것을 확실히 느낄 수 있었다. 하나님께서 우리에게 일을 맡기실 때는 능력도 함께 주신다. 선배 사모님들의 말씀이 옳았던 것이다.

하지만 성도들은 외적으로 거룩하고 경건 훈련이 잘 된 분들을 신앙이 좋은 것으로 여긴다. 교회에는 나보다 기도를 훨씬 많이 하는 분들이 있었다. 더구나 여전도사님들은 또 얼마나 기도를 많이 하는가? 한 여전도사는 날마다 교회에서 주무시면서 기도를 하셨다. 그러니 성도들이 나보다 여전도사들이 영적으로 훨씬 더 탁월하다고 생각한 것은 당연한 일이기도 했다.

하지만 사모에게는 사모만이 누릴 수 있는 영적인 권세와 능력의 비밀이 있다.

하나님께서 사모를 세우셨기 때문이다.

그리고 담임 사모에게 주어진 영적인 권세는 담임 사모가 되어야만 맛볼 수 있기 때문에 아무도 그 비밀을 알 수 없다. 얼마나 영광스러운 일인가?

성도들이 은근히 나보다 여전도사를 더 의지하고 영적으로 더 훌륭하다고 여길 때 그 여전도사를 세워드리고 인정해 드리는 것이 더 성숙한 영성이라고 생각한다. 나를 배제하고 여전도사들만 찾는다 해도 그 성도만 바로 세워진다면 진심으로 감사할 수 있는 것이 더 성숙한 모습이다. 그렇게 자신을 내려놓고 겸손한 것이 더 깊고 넓은 영성이며 사모가 갖추어야 할 덕목이다.

비록 성도들은 나를 인정하지 않아도 교회와 목사님과 관계된 결정적인 문제는 결국 내가 엎드릴 때 해결되는 것을 보면서 사모의 영적인 권위가 말할 수 없이 크다는 것을 느낀다. 이 권세는 우리 사모가 노력해서 얻는 것이 아니라 단지 사모의 길을 가겠다고 하나님께 순종함으로 절로 주어지니 얼마나 놀라운가?

목사는 사모와 또 다른 영적인 권세를 허락하셨으리라 생각한다. 일반 성도도, 사모도 알지 못하는 또 다른 놀라운 영적인 체험이 있을 것이다. 가끔 교회에 은사를 많이 받고 영적인 권세가 있어 목회자보다 성도들에게 훨씬 더 큰 영향을 끼치는 분들을 본다. 아무래도 성도들은 눈에 보이는 영적이 체험이 많은 분들을 더 따르고 좋아하기 마련이다. 그러면 사모들은 부럽기도 하고 두렵기도 할 것이다. 하지만 목사에게는 그 사람들보다 훨씬 더 큰 권세를 주셨다는 것을 믿어야 한다.

사모 자신이 자신을 볼 때 별다른 은사가 없다고 여겨진다 해도 우리에게 성도들보다 더 큰 영적 능력이 있다는 것을 알아야 한다.

은사는 성령 하나님께서 그분의 뜻대로 각 사람에게 나누어 주신다. 그러므로 교회의 가장 중요한 지도자 중의 한 사람인 사모에게 영적인 은사를 주시지 않을 리 없다.

영의 세계는 너무 광범위하고 방대해서 어느 누구도 자신의 것이 옳다고 할 수 없다. 그 체험이 얼마나 다양하겠는가? 그러니 아무리 영적인 은사가 많은 성도 앞이라 해도 결코 주눅이 들 필요는 없다. 오히려 은사를 가진 성도들을 존중하고 경계하며 다스릴 수 있어야 한다.

하지만 목회 일선에서는 영적인 은사가 사모보다 훨씬 많은 성도나 부교역자들을 접할 수 있다. 대부분의 사람들은 은사가 많은 이들이 영성이 더 훌륭하거나 영권이 더 크다고 오해하기 쉽다. 혹시 성도들 가운데 은사가 나타나면 그 주위에 그들을 부러워하고 따르는 성도들을 보게 된다. 그리고 부교역자 가운데 영적인 은사가 강력하게 나타나면 교회 안에서 지도력에 혼선이 생기기도 한다.

이럴 때, 사모는 흔들리지 않아야 한다. 성도나 부교역자들에게 주신 은사는 목회자의 목회에 도움이 되라고 하나님이 주셨다. 그리고 목사와 사모에게는 그보다 더 큰 영적인 권위를 주셨다. 그들의 은사를 활용하고, 지도할 수 있는 자리에 나아가야 한다. 어떤 은사자라도 목사와 사모의 권위를 넘어설 수 없다는 것을 사모 스스로 알아야 한다. 이러한 영적인 권위는 성도들에게 말을 할 필요도 없고 말을 한다고 해서 성도들이 그렇게 생각하지도 않을 수 있다. 하지만 사모 스스로는 자신에게 목사님 다음으로 큰 영권이 주어져 있다는 것을 확실히 믿어야 한다. 그럴 때 사모는 교회 안의 은사자들을 대할 때 한결 여유로울 수 있다. 그리고 그들을 진심으로 존중하고 사랑해 줄 수 있고, 그들의 은사를 잘 활용하여 교회에 큰 유익을 가져올 수 있을 것이다.

은사자들을 대할 때 지나친 경계와 위축된 마음으로 대하는 것도 문제이지만 그들을 더 신령하게 여기며 의존하는 경우는 더 심각한 문제이다. 하나님은 가장 큰 권세를 우리에게 주셨다. 그래서 가장 큰 비밀은 목회자나 사모에게 말씀하지 성도들에게 말씀하시지 않으신다. 그것이 영적인 질서이기 때문이다. 그러므로 자신감을 가져야 한다. 오히려 우리는 모든 은사자들을 다스리고 권면해 나가야 한다. 그만큼 자신감과 당당함이 있어야 한다.

가끔 어떤 사모에게서 예언이나 병 고치는 은사가 아주 강력하게 나타난다. 그러다 보면 자신도 모르게 목사보다 더 큰 영향력을 행사하기도 한다. 탁월한 사모의 영적 권세로 우선은 교회에 유익이 되지만 결국은 교회와 목사에게 어려움이 오게 되는 것을 많이 본다. 사모의 영적인 은사가 클수록 더욱 겸손하고 낮아져야만 한다. 그러한 겸손과 순종은 하나님의 마음을 감동시키고 이런 사모가 하나님 앞에 엎드릴 때 모든 기도를 응답해주시며 남편과 교회에 마침내 큰 복을 주시는 것이다.

사모의 자리에 있으면서 느낀 점은 성도들은 신령한 은사를 가진 자들을 아주 좋아한다는 것이다. 때로 은사자들에 의해서 잘못된 영향력이 미치기도 한다. 그러므로 사모는 늘 깨어서 하나님 앞에 사모의 직분을 잘 감당할 수 있는 성령의 은사를 간구해야 한다. 하나님은 그 누구보다 사모에게 많은 은사를 주실 것이다. 그리고 은사는 교회와 성도를 섬기기 위해 있는 것이지 자신을 드러내기 위해 있는 것이 아님을 잊지 말아야 한다.

무엇보다 참된 영성과 은사는 말씀이 바탕이 되어야 한다. 말씀의 기초가 없이 은사를 받을 때는 위험한 도구가 될 수도 있다.

사모의 영적 권세는 무엇일까? 하나님을 진정으로 섬기고 사랑하며, 남편의 말씀에 가장 은혜를 받고, 남편을 진심으로 존경하고 사랑하는 것, 그리고 모두를 위해 기쁨으로 희생하며 헌신할 수 있는 것이 가장 성령이 충만한 상태이며 깊은 영성의 자리라고 생각한다. 이런 사모들에게서 참된 영적 권세가 나타날 것이다. 하나님은 이미 우리에게 이런 권세를 허락하셨다. 이 주신 복을 찾아 도전하고 달려가며 이루어가는 사모들이 되기를 축복한다.

사모, 평강공주를 꿈꾸다

둘째 마당

가정에서

남편은 축복의 통로이다
더불어, 함께하라
자녀를 위해 울라
재정 관리를 잘하라

남편은
축복의 통로이다

신혼여행 때부터 부딪치기 시작한 우리 부부의 갈등은 한 지붕 위에 나란히 얹어 있는 기왓골처럼 깊어만 갔다. 남편의 짜증과 분노는 나날이 커져갔고, 그 빈도도 날마다 늘고 있었다. 하지만 그 이유를 도무지 알 수 없었던 나는 너무 절망한 나머지 굳은 결심을 하였다. 목회자 가정이니 이혼할 수는 없을 것이고 한 집에 살면서도 남이라 생각하고, 남편은 남편대로 나는 나대로 살자고.

그런데 그 결심이 막 입 밖에 나오려는 그 때, 갑자기 여리고 성이 내 눈앞에 쫙 펼쳐졌다. 하나님이 약속으로 주셨던 가나안 땅 앞에서 절망에 빠져 원망과 불평을 했던 이스라엘 백성들이 떠올랐다. 그 순간 내가 남편에 대해 절망하고 불평하면 평생 남편으로 인해 불행해질 것이고, 하나님께서 나에게 주신 축복의 땅임을 믿고 살아가면 분명히 남편은 축복이 될 것이라는 생각이 나를 강하게 사로잡았다.

생각이 여기에 미치자, 하나님께서 우리에게 축복으로 주신 모든 것 중에서 부부만큼 확실한 복도 없음이 깨달아졌다. 부모도 자식도 언젠가는 다 떠나야 하고, 친구나 물질도, 심지어 교회나 성도마저 죽을 때까지 항상 우리 곁에 있는 것은 아니지 않는가? 하지만 부부는 죽음이 갈라놓기 전까지는 항상 함께 있을 사람들이다. 어떤 어려움이나 슬픔이나 고통도 함께 나눌 수밖에 없는 존재가 아닌가?

남편이 하나님께서 내게 주신 확실한 축복이요, 기업이라는 생각이 드니 남편의 어떤 행동에도 너그러울 수 있었다. 이스라엘 백성이 환경만 보고 하나님의 기적을 보지 못했던 것을 기억하며 결코 불평하지 않으려고 애를 썼다. 그리고 분명히 남편은 내게 축복의 사람이라고 믿었다.

그러던 어느 날, 남편이 나에게 고백했다. 결혼을 앞두니 주변 사람들이 초반에 아내를 잘 다스리고 기선을 잡아야 한다고 했다 한다. 그래서 매사에 조금의 실수도 용납하지 않고, 마음을 열지 않았던 것이다. 하지만 언제나 진심으로 남편을 사랑하며 섬기려는 내 모습을 보면서 마음이 바뀌게 되었다고 했다.

만약 나도 남편이 하는 대로 맞받아 행동했다면 어떻게 되었을까? 그런 말도 안 되는 생각으로 순진한 남편을 잘못된 곳으로 이 끈 사람들을 원망하기보다 이 일로 인해 하나님의 뜻을 알게 된 것에 감사할 수 있었다. 사모의 길은 자신의 모든 것을 포기하고 가는 길이다. 그러다 보니 사모들은 남편도 내 남편이 아니려니 하고 사는 경우가 많다. 많은 여성도 남편을 필요로 하면 자기 자신은 어떻게 되어도 내주는 것이 사모이다. 나도 그렇게 살아야 한다고 생각했다. 그런데 이 일을 통해서 남편은 나에게 주신 하나님의 믿음의 유산이요, 축복인 것을 알았다.

하지만 남편과 나는 상극을 이루는 성격이었다. 사물을 보는 관점도 너무 달랐다. 같은 사건을 보면서도 서로 정반대의 입장에 설 때가 많았다. 남편이 나보다 나이가 많은 탓에 나는 남편이 원하는 대로 맞춰주려고 애를 썼다. 하지만 워낙 센스가 없는 나는 남편이 무엇을 원하는지 제대로 파악할 수 없었다. 반면에 남편은 한 마디만 하면 열 마디를 알아듣고 상대방의 비위를 잘 맞추었다. 거기에 비해 나는 남편이 한 마디 던지면 그 말을 전혀 알아들을 수 없었다.

첫아이를 낳고 얼마 후 갈등의 골이 깊어질 대로 깊어졌을 때 갑자기 내 입에서 이런 기도가 나왔다.
"하나님, 남편이 저를 좀 사랑하게 해주세요."
그런데 이 기도를 마치자마자 내 영혼 깊은 곳에서 기쁨의 샘물이 흘러나왔다. 하나님도 미소를 가득히 띠시고 춤추며 기뻐하시는 것 같았다. 사실, 이 기도를 하기까지 많이 망설였다. 얼마나 자존심이 상하는 기도인가? 나 정도의 아내라면 남편은 마땅히 나를 사랑해야 하고, 이런 기도를 하지 않아도 알아서 잘해야 한다고 생각했다. 하지만 남편은 여전히 무뚝뚝했고 나는 심한 외로움을 느꼈다. 그래서 오랜 망설임 끝에 남편의 사랑을 받기를 기도했다. 비록 자존심이 많이 상했지만 하나님께서 매우 기뻐하시는 것을 느꼈기에 나도 기뻤다.

이 기도를 통해 하나님은 겸손히 나를 내려놓고 남편의 사랑을 구하는 기도를 기뻐하신다는 것과 부부가 서로 사랑하며 사는 것을 기뻐하신다는 것을 알았다.

내 기도를 기뻐하시고 반드시 들어주신다는 확신이 들자 남편도 반드시 나를 사랑하게 될 것이라는 믿음이 생겼다. 그렇게 긍정적인 시각으로 남편을 보기 시작하자 놀라운 일이 생겼다. 이전에 이해할 수 없던 남편의 성격이 장점으로 보이기 시작한 것이다. 무뚝뚝하고 표현에 인색한 남편이 터프하고 남자답게 보였다. 그리고 남편의 믿음이 작아 보였는데 믿음이 작은 것이 아니라 신중한 사람이라는 것을 알았다. 긍정적인 시각으로 보기 시작하니 남편의 좋은 점이 아주 많이 보였다. 이전에 달라서 너무 힘들던 것이 이제는 다르기 때문에 감사하게 되었다.

남편이 나를 사랑하게 해달라고 기도했지만 하나님은 내가 남편을 더 사랑할 수 있는 은혜를 주셨다. 내 눈에 완전히 콩깍지를 씌워주셨는데 남편이 이리 봐도 멋있고 저리 봐도 훌륭해 보이는 것이었다. 그러자 정작 행복해진 것은 나였다. 이렇게 좋은 남편을 주신 하나님께 감사하고 또 감사했다.

하지만 우리 가정의 문제는 완전히 해결되지 않았다. 내가 남편을 사랑하고 긍정적으로 본다고 해도 남편이 싫어하는 나의 결점들이 감춰지거나 고쳐지는 것은 아니었기 때문이었다. 그래서 남편에게 많은 상처를 받았다. 나는 남편을 칭찬했지만 남편은 늘 나의 허물을 지적했다. 그렇지 않아도 자아가 약하고 열등감이 많은 나는 많이도 힘들고 위축되었다. 그럴 때마다 여리고 성 앞에서의 이스라엘 사람들을 묵상했다. 나는 결코 그들처럼 되지 않으리라 결심하면서.

남편이 내게 준 상처를 다시 남편에게 돌려주었다면 아마 남편은 더 큰 상처를 내게 다시 주었을 것이다. 하지만 나는 남편에게 받은 아픔을 하나님께 가지고 갔다. 그리고 하나님의 위로를 통해 그 아픔을 치유 받았다. 그리고 상처를 돌려주는 대신 사랑과 칭찬과 위로를 돌려주었다.

그런데 어느 날부터인지 남편이 사람들 앞에서 나를 칭찬하기 시작했다. 그리고 내가 남편에게 했던 사랑한다, 고맙다, 미안하다는 말을 내게 들려주기 시작했다. 그리고 젊은 성도들에게 남편을 나처럼 섬기라는 권면을 하기도 하셨다. 그리고 모든 사역에 동역자로 인정해 주고 존중해 주었다.

내가 남편과의 모든 갈등을 해결하기 위해 노력했던 가장 큰 이유는 가정이 하나가 되지 않는다면 목회가 제대로 될 수 없다는 생각 때문이었다. 남편과 하나를 이루지 못한다면 어떻게 교회가 하나가 되게 할 수 있을까? 부부가 한 마음을 이루면 목회의 기적이 일어난다고 믿었다.
　부교역자 시절, 나는 사역을 하고 싶은 모든 열망을 접고 남편과 한마음 한뜻이 되는 데 많은 시간과 정열을 쏟았다. 그 어떤 사역보다 힘이 들고 오랜 시간이 걸리고 온 마음이 성한 곳이 없을 만큼 상처를 경험하기도 했다.

　부부관계가 중요한 것은 알지만 포기하고 그냥 넘어가기도 쉬운 것 같다. 그러나 부부관계는 교회 성장과 직결되고 그 어떤 관계보다 중요하다. 또한 부부관계의 회복을 위해서는 아내의 역할이 매우 중요하다. 성경에도 아내들이여 남편에게 순종하라는 말씀이 먼저 나온다. 아마 아내의 행동과 결단이 먼저 필요하다는 뜻은 아닐까?
　가장 극복하기 어려운 관계가 부부관계이므로 부부관계를 원만하게 잘 이끌어 가면 성도들과의 관계는 아무리 어려운 관계라도 극복할 수 있다.

　남편은 내게 전쟁을 가르쳐준 사람이다. 싸우면 안 되는 줄 알고 한 번도 싸워보지 않았던 내가 저절로 전투적이 되도록 한 사람이 남편이다. 이해할 수 없는 상황들이었지만 돌아보면 진정한 대인관계가 무엇인지 보여 주신 것이다. 남편과의 갈등을 거짓과 위선으로 풀어갔다면 성도들과도 제대로 관계를 맺지 못했을 것이다.

결혼한 지 20주년이 되어가지만 여전히 우리의 부부관계는 완성되는 중이다. 아직도 갈등이 있고 풀어야 할 숙제가 있다. 서로에게 아쉬운 점은 여전히 있고 힘든 부분도 남아 있다. 그러나 항상 나의 남편이 최고라는 생각을 하며 산다. 물론 말로도 늘 인정하며 살았다. 하나님이 나에게 주신 약속의 땅이기 때문이다.

목회의 물이 멋있게 오르기 시작한 남편, 목회의 귀한 열매들이 맺히는 것을 보며 이렇게 말한다.
"요사이는 정말 제가 시집을 잘 온 것 같아요. 물론 그 전에도 늘 그렇게 생각하며 살았지만……. 당신도 알지요?"
"알지, 그래서 내가 그 부분에 대해서 늘 감사하지!"

남편이 완전한 나의 축복의 통로가 되기에는 아직도 부족한 부분이 없는 것은 아니다. 하지만 많은 부분에서 나는 남편을 통해 축복을 누리고 있다. 만약 신혼 초에 남편에 대해 포기했었다면 결코 누릴 수 없었을 축복이다. 심리학적으로 사람이 어떤 갈등을 만났을 때, 반드시 극복해야 한다고 생각하면 갈등을 풀어갈 지혜가 보인다고 한다. 그러나 갈등을 피하고 싶거나 회피하려고 하면 절대로 지혜가 떠오르지 않는다는 것이다.

우리 인생에서 가장 포기하기 쉽거나 갈등 해결을 뒤로 미루기 쉬운 대상이 부부일 수 있다. 그러나 부부 관계가 가장 중요하고 그 어떤 관계라도 반드시 갈등을 극복할 수 있다는 믿음만 있다면 그 속에 답이 있고 복이 있다. 남편은 우리의 축복의 통로이다. 목사는 사모에게 주신 하나님의 기업이다. 남편인 목사가 십자가이며 고통의 근원이 아니고 하나님께서 사모에게 주신 축복의 기업인 것을 믿는 사모들은 믿음대로 되는 축복을 보게 될 것이다. 이 땅의 모든 사모들이 이 축복을 누리기를 간절히 소망한다.

더불어,
함께하라

　　남편의 휴대폰에 낯선 여자의 문자가 들어오기 시작했다. 남편의 외출은 잦아지고 외모를 치장하는 데 갑자기 많은 돈과 시간을 들였다. 김 집사님은 충격을 받고 새벽기도 시간에 하나님께 간절히 기도했다. 그리고 서울에 있는 가정상담소에 전화로 상담을 하던 중, 상담소 간사님의 소개로 나를 찾아왔다.

　　아이를 셋이나 낳았지만 김 집사님은 큰 키에 날씬하고 아름다웠다. 남편 이 집사님은 아내의 손에 이끌려 같이 나를 찾아왔다. 부부는 신앙생활도 열심히 잘하고 가정적으로도 행복했지만 어느 날부터인지 남편은 골프장에서 만난 여자들과 교제를 가지기 시작했고, 이 만남은 잦아졌다. 그로 인해 부부 싸움을 자주 하게 되고, 김 집사님의 절망과 아픔은 커져 갔다.

나는 이들 부부를 상담하면서 오히려 남편 이 집사님의 아픔을 느낄 수 있었다. 남편이 외도에 빠질 수밖에 없었던 이유가 있었던 것이다. 이들 부부는 서로를 진심으로 사랑하고 있었다. 그럼에도 불구하고 이런 문제가 생긴 것은 서로에 대해서 알지 못했기 때문이었다. 아니, 사실은 아내가 남편의 필요에 대해 너무 몰랐기 때문에 일어난 일이었다.

남편 이 집사님이 힘들어 할 것 같은 부분을 찾아서 두 사람에게 말해주자 갑자기 이 집사님이 눈물을 흘렸다. 처음 보는 나와 아내 앞에서 눈물을 쏟을 만큼 이 집사님은 깊은 아픔이 있었던 것이다. 사실, 이 집사님은 자신이 어떤 아픔을 안고 있는지 스스로도 알 수 없었다. 그런데 내가 그의 아픔을 끌어내어 주자 자신도 모르게 주체할 수 없는 눈물을 보인 것이다.

남편이 자신 때문에 그토록 힘들었다는 것을 전혀 몰랐던 김 집사님은 남편의 외도를 용서할 수밖에 없었다. 남편에 대한 신뢰가 회복되기까지는 힘든 고비도 있었지만 상담을 통해 힘을 얻었다. 그리고 부부 사이가 완전히 회복되고 남편은 신앙적으로도 하나님께 크게 쓰임 받는 귀한 일꾼이 되었다는 연락을 받았다. 그들이 나를 찾아오기 전에는 서로에 대한 미움과 포기가 가득했었다. 하지만 남편의 마음을 알고 난 후에 아내는 남편을 이해하게 되었고 용서할 수 있었다.

여느 부부들과 마찬가지로 이 부부도 여러 가지 문제를 안고 있었다. 아내의 지나친 자기 주장, 그리고 같이 사는 장모와의 갈등, 여기에 비해 타인에 대한 배려가 지나친 남편! 남편은 모두에게 너무도 좋은 사람이었고 아내에게 완벽한 남편이었다. 김 집사님은 남편에 대한 불만이 전혀 없었고, 정말 좋은 남편으로만 생각하고 있었다. 하지만 이 집사님은 모두를 배려하느라 지쳐가고 있었던 것이다.

그런데 사실 이 집사님이 가장 힘들어하고 괴로워한 부분은 김 집사님의 잠자리 거부였다. 신혼 첫날밤부터 잠자리를 거부했던 김 집사님은 자주 아니, 수없이 잠자리를 거부했다. 잠자리 거부가 남편에게 심한 수치심을 주고 고통을 주는 줄 전혀 모르는 채로. 오히려 여자가 잠자리 거부하는 것을 좋은 것으로 알고 있었다. 친정아버지의 외도와 이혼으로 남자에 대한 오해가 있었던 것이다.

이 부부가 잠자리 문제가 없었다면 다른 문제들은 별 탈 없이 해결되었을 것이다. 최소한 신실한 성도인 남편이 바람을 피우지는 않았을 것이다. 그만큼 남녀가 잠자리를 함께한다는 것은 중요하다. 이는 목회자에게도 예외가 아니다.

남자에게 잠자리는 왜 중요할까? 그것은 남자의 본능 때문에 그렇다. 아내들은 남편의 잠자리 요구가 육체적 필요에서 비롯된다고 여기는 경우가 많다. 하지만 사실 남자들의 잠자리 요구는 정서적인 필요에 의해서 비롯되는 경우가 훨씬 많다. 남자는 본능적으로 무엇이든지 정복하고자 하는 욕구가 있다. 남을 이기기 원하고 힘을 가진 존재임을 끝없이 증명하고 싶어 한다.

　남자에게 있어 힘은 아주 중요하다. 힘이 없는 남자들은 사회 속에서 인정받지 못하기 때문이다. 남자들은 어느 모임에 가더라도 힘의 논리에 의해 서열이 자연스럽게 매겨진다. 상대방이 자기보다 돈이 많거나 권력이 많다고 생각되면 기가 죽고 순순히 고개를 숙인다. 남자의 타고난 본능이다(물론 가끔 그렇지 않은 남자들도 있다. 하지만 이런 남자들은 남자 세계에서 살아남지 못하게 된다. 한 마디로 사회생활을 제대로 못하는 남자들이 여기에 속하는 것이다.).

　재미있는 사실은 여자들은 그렇지 않다는 것이다. 자기보다 예쁘고 잘난 여자를 깎아내릴 수 있는 능력이 있다. 심지어 너무 잘난 것 같을 때는 왕따를 시켜버린다. 질투를 하거나 시기를 할지언정 잘난 여자 앞에서 최소한 기가 죽지는 않는다. 그러니 아내들이 못난 남자들의 사회적 스트레스를 알 리 만무한 것이다.

　"친구"라는 영화를 보면 유오성이 장동건을 친구로 여기지 않는다. 반면에 싸움도 제대로 못하는 곽경택 감독은 유독 잘 챙기고 친구로 대우해 준다. 그래서 장동건은 화가 나서 유오성에게 한 마디 한다.
　"내가 니 시다바리가?"
　그랬다. 유오성에게 장동건은 친구가 아니고 자신의 수하에 불과했다. 싸움을 자기보다 못했기 때문이다. 반면에 곽 감독에게는 이런 말을 한다.

"니하고 내하고는 친구다. 나는 싸움 일 등, 니는 공부 일 등!"

이것이 남자들의 세계인 것이다. 아무리 친한 사이라 해도 자기보다 못하다고 생각할 때는 친구이기 이전에 한 서열 밑에 있는 부하라는 개념이 더 깊이 뿌리내리는 것이 남자들이다. 동물적 본능이 여자보다 더 많은 남자들은 자기보다 힘이 약하다고 생각되는 남자는 반드시 무시한다. 심지어 짓밟아버리기까지도 한다. 그러니 남자들은 어느 누구에게도 자신의 약함을 내보일 수 없다. 자신보다 강하게 보이는 대상에게 오히려 공격적이 되고 약하게 보이는 대상에게 모성애를 느끼는 여자들로서는 남자들의 세계를 알 리 만무하다.

세상에 어느 남자가 가장 힘 센 남자가 될 수 있을까? 돈이 많은 남자는 자기보다 권력이 많은 남자 앞에 가면 기가 죽는다. 권력이 많은 남자는 자기보다 학벌이 높은 사람 앞에 가면 또 기가 죽기 마련이다.

남자가 기가 죽지 않을 수 있는 사회적 공간은 오로지 가정밖에 없다. 그래서 남자들은 가정을 위해 자신을 온전히 희생하는 것이다. 사회생활 가운데서 늘 굽실굽실하며 자존심이 상하더라도 가정에서 인정받을 때 모든 것을 참을 수 있는 힘이 생기게 마련이다. 가정에서는 남편보다 힘이 센 사람이 없어야 한다. 아니, 남편이 최고라는 것을 느끼게 해줄 때 남자들은 각박한 사회생활을 이겨낸다. 그리고 남편이 최고임을 인정해줄 때 오히려 남편들은 아내를 존중해주고 아내의 말에 귀 기울이게 된다.

그런데 남편들이 잠자리에서 아내에게 바라는 것이 무엇일까? 사실, 남편이 아내에게 가장 원하는 것은 잠자리를 통해 아내가 행복해하는 모습이다. 아내가 남편으로 인해 만족해하는 것을 볼 때, 남편은 아내를 정복했다는 느낌을 가진다. 아내를 정복했다고 여기기보다는 무엇인가를 정복했다고 여기는 것이다. 여자를 정복하지 못했다고 여길 때 남자들은 심히 두려워하고 절망한다. 행여 아내에게 매몰차게 잠자리를 거부당했을 때는 심한 수치심과 모멸감을 느낀다. 그래서 다른 것으로 트집을 잡는 경우가 생긴다.

원인을 알 수 없는 아내들은 생떼를 쓰는 남편이 이상해서 부부 싸움을 하기도 한다. 부부 관계에 골이 만들어지기 시작하는 것이다. 불신 남편들은 외도를 하기도 한다. 일부를 제외한 대부분의 외도는 아내의 거부나 아내를 만족시키지 못한다고 여기는 데서 온다. 그래서 다른 여자들을 만족시킴으로 아내에게서 받지 못한 자존감을 확인 받고자 하는 것이다.

반면, 직장이나 목회에서 스트레스가 극심할 때 잠자리에서의 성취감은 남편들이 에너지를 회복할 수 있는 좋은 방법 중의 하나이다.

목회는 끝없이 죽어지고 양보해야 하는 것이다. 그러니 목회자는 언제나 져야만 한다. 일반 사회인들은 직급이 높아지면서 큰소리를 칠 수도 있고 성취감을 맛볼 수도 있겠지만 목회자는 그렇지 못하다. 아무리 교회가 커진다 해도 목회자는 낮아져야 한다. 남자로서 감당하기에 참 힘든 십자가가 아닐 수 없다. 목회자가 지는 십자가를 대신 져 줄 수 없지만 잠자리에서의 사모의 내조는 목사에게 큰 힘이 될 수 있는 것이다.

사모들 가운데 육아와 사역에 지쳐서 남편을 멀리한다면 사역을 줄이라고 권하고 싶다. 다른 것은 좀 대충한다 하더라도 남편을 섬기는 일에는 최선에 최선을 다하길 진심으로 권하고 싶다.

젊은 시절 읽은 한 목회자의 글이 기억난다. 그는 자신의 아내가 한 번도 잠자리를 거부하지 않은 것이 가장 고맙고, 그것이 가장 큰 내조였다고 말했다. 사역적인 면에서 남편의 탁월한 동역자가 되길 원했던 나는 그 글이 이상하고 이해가 되지 않아 기억에 남았었다. 하지만 세월이 흐르면서 그 말이 정말 일리가 있다고 여겨진다.

내조, 남편을 돕는 그 일은 먼저 남편을 잘 알아야 한다. 내조는, 남편이 필요로 하는 것을 먼저 채워 주는 일이다. 항상 남편을 살피고, 섬기는 일! 목회의 무거운 십자가를 함께 질 수 있는 영광이라고 생각한다.

자녀를 위해 울라

어느 주일 점심 때, 우리 아이 또래의 부모들과 대화를 나눈 적이 있었다. 성적이 제대로 나오지 않는 아이의 미래를 생각하면 때로 억장이 무너진다는 말을 했다. 그러자 옆에서 대화를 듣고 있던 연세가 지긋한 한 성도님이 사모님까지 자식 때문에 그러면 어찌 하냐고 말씀하시는 것이었다.

나와 가까운 한 사모님의 아들이 우리 아이와 같은 학년이다. 그런데 아이가 공부를 열심히 하지 않아서 자식에 대해 포기했다고 말씀하셨다. 그래서 내가 자식은 결코 포기해서는 안 된다고 하니 자식에게 너무 관심을 가지면 하나님이 기뻐하시지 않을 것 같다는 말씀을 하셨다.

이 사모님만이 아니라 우리 교회 성도님 역시 목회자가 자녀에 대해 너무 관심 가지는 것을 하나님이 기뻐하시지 않는다고 여기셨기 때문에 내게 그런 반응을 하셨으리라 생각한다.

물론 사모가 교회나 성도보다 자식을 더 사랑하고, 심지어 하나님보다 더 사랑한다면 큰 문제가 된다. 하지만 대부분의 사모들은 환경적으로나 경제적으로 열악한 상황에서 자녀를 양육하기 마련이다. 그러다 보면 가장 뒷전에 놓이는 것이 사모 자신이고, 그 다음이 자녀가 되는 경우가 많다. 그러다 자녀에게 문제가 생기기라도 하면 문제를 해결해 보려고 노력한다.

하지만 자녀를 위해 꽤 많은 시간을 투자해도 별 효과를 거두지 못하는 경우가 많다. 그러다 보면 자녀를 위해 시간을 보내는 것을 하나님이 기뻐하시지 않기 때문에 수고를 해도 별 효과가 없는 것이 아닌가 여기기도 한다. 그래서 자녀를 돌보는 일을 포기하고 사역에만 집중하는 것으로 돌아가기도 한다. 사역에 열중하면 하나님께서 우리의 자녀를 알아서 양육해 주실 것을 믿으며…….

하지만 자녀는 언제나 부족할 수밖에 없다. 자녀를 위해 많은 시간을 투자해도 우리 마음대로 잘 자라주지 않는 것이 자녀이다. 자녀를 위해 수고하는 만큼 자녀들이 따라와 주지 않는다고 자녀를 가르치고 훈계하는 것을 하나님께만 맡기고 포기해서는 안 될 것이다.

처녀 시절, 하나님께 나의 삶을 다 드렸던 나는 자녀가 태어나면 당연히 하나님께 다 드리리라 생각했다. 내가 하나님의 것이니 나의 자녀도 하나님의 것이 되는 것이 마땅하지 않겠는가? 내 자녀를 하나님께 드림으로 하나님의 자녀가 되면 하나님께서 어련히 알아서 양육해 주시지 않겠는가? 자녀를 양육하며 자녀에 대해 연연해 하는 분들을 보면서 하나님께 자녀를 다 내어드리면 될 것을 왜 저리 힘들어 하는가 하는 생각까지 했다.

결혼 후, 첫아이를 임신했을 때 하나님께 드릴 아이이니 알아서 잘 키워주시리라 생각했다. 그리고 세상에 태어난 딸아이를 처음으로 가슴에 품었을 때, 나는 하나님께 말씀드렸다.
"하나님, 당신의 딸이니 당신께서 잘 양육하여 주십시오."
그러자 하나님께서 말씀하셨다.
"오냐, 딸아! 이제 나의 귀한 딸을 네게 맡기니 네가 잘 양육해 주기 바란다."

하나님의 이 말씀을 듣는 순간, 심장이 철렁 내려앉는 것 같았다. 그리고 그 책임이 얼마나 크고 막중한지 두렵기까지 했다. 내 자식이면 내가 키우고 싶은 대로 키우든지 대충 키워도 누가 말할 사람이 없겠지만 남의 자식을 맡아 기른다는 것은 얼마나 부담스러운 일인가?
하나님의 자녀를 다시 내게 맡기신다는 음성을 들었을 때 그것이 자녀를 향한 우리의 마음이 되어야 함을 알았다. 자녀를 하나님께 드리니 알아서 양육해 주시기 원하는 기도 속에 자녀를 책임지고 싶어 하지 않는 무책임함이 깔려 있었다는 것을 깨달았다.

때로 자녀들에게 무관심한 것이 신앙이 좋은 것처럼 생각하는 이들도 있다. 그러나 잘 생각해 보면 그것은 자녀들이 자신에게 속했다고 생각하기 때문이다. 자녀들이 우리에게 속한 것이 아니고 하나님께서 맡겨주신 선물이라고 생각한다면 자녀를 위해 아낌없이 우리의 사랑을 쏟아야 한다.

하지만 우리가 자녀를 사랑하며 자녀를 위해 많은 것을 투자하기 전에 내 자녀라고 생각하는지 아니면 정말 하나님의 것으로 여기는지에 대해 잘 돌아보아야 한다.

나는 세 자녀를 양육하면서 내 아이라고 생각하지 않았다. 하나님께서 나에게 맡겨주신 하나님의 자녀라는 시각으로 자녀를 대했다. 자녀를 양육하는 것이 사역의 일부이며, 가장 확실하게 제자훈련을 시킬 수 있는 기회라고 여겼다. 성도들을 양육하는 것처럼 자녀를 양육했고, 성도들을 섬기는 것처럼 자녀를 섬기는 것이 마땅했다.

그렇게 아이들이 자라서 큰아이가 5학년이 되었다. 그런데 많은 모태 신앙인들처럼 우리 아이들도 형식적으로 예배를 드리고, 예수님을 피상적으로 알고 있는 것은 아닐까 염려가 되었다. 교회는 다니지만 정말 자신들의 구주로 예수님을 영접한 것인지 생각하니 막막하기 그지없었다. 수많은 사람들에게 복음을 전했고, 예수님을 영접하는 기도를 하게 했지만 정작 나의 아이들이 구원의 자녀가 될 수 있을까 생각하니 자신이 없었다.

그래서 세 아이들을 데리고 밤마다 기도의 자리로 나아갔다. 그리고 예수님을 만나고 하나님을 만날 수 있도록 기도하게 했으며, 나 자신도 아이들을 구원해 주시기를 눈물로 간절히 기도드렸다. 아이들의 구원을 놓고 안타깝게 기도할 때 하나님은 말씀으로 내게 응답해주셨다.

"네 모든 자녀는 여호와의 교훈을 받을 것이니 네 자녀에게는 큰 평안이 있을 것이며"(사 54:13).

이 말씀을 들은 뒤 내 영혼에 말할 수 없는 평안이 밀려왔다. 때때로 믿음으로 살지 않는 모습을 볼 때나, 지극히 많은 약점들에 노출될 때나, 아무리 열심히 공부해도 성적이 제대로 나오지 않을 때에도 우리 자녀에게 평안을 약속하신 하나님께서 이들의 미래를 인도하시리라는 믿음은 나를 평안하게 했다.

하나님의 자녀를 맡아서 키운다는 생각을 했기에 자녀를 위해 물질이나 시간을 내는 것에 거리낌이 없었다. 하지만 마음과 달리 생활 속에 나타나는 나의 나약함은 엄마로서 낙제점이었다. 큰아이가 초등학교 다닐 때는 친정에 가면 아이들이 소말리아 난민 같다고 했고, 시댁에 가면 아프리카 난민 같다고 했다. 내가 제대로 먹이지 못하고, 입히지 못했기 때문이었다. 경제적인 여건이 안 되어서 못 먹이고 못 입힌 것보다 그런 부분에 별 관심이 없었기 때문이었다. 요리나 육아에 대해서 관심이 적었고 또 잘하지도 못했다. 나름대로 열심히 한다고 해도 다른 사람들에 비해 턱없이 부족했다.

나의 선천적인 강박증 때문에 비롯된 사역에 대한 끝없는 부담감으로 상대적으로 자녀를 돌보는 일을 소홀히 했다. 마음속에 자녀가 있고, 이성적으로 자녀를 잘 양육해야 한다는 것은 알았지만 사역을 하지 않으면 불안하여 견딜 수 없었다. 그러다 보니 늘 지치고 힘이 들 수밖에 없었고 아이들을 위해 쓸 에너지는 부족했다. 더구나 신혼 시절부터 10년 넘게 계속되었던 우리 부부의 갈등은 아이들에게 많은 상처를 주었다.

내 딸이 키가 크지 않은 나보다도 작은 것은 어릴 때 제대로 먹이지 않아서 그렇다고 여겨진다. 다리가 안짱인 것은 제대로 걷지도 못하는 아이를 억지로 걷게 해서 그런 것이라 생각될 때는 마음이 무너져 내린다. 아침밥도 제대로 얻어먹지 못하고 학교에 간 아이들이 어떻게 생활하는지 조금도 생각해 보지 못했던 나의 지난날을 생각하면 마음이 너무 아프다. 어린 시절의 상처로 소심해져 있는 큰아들을 보면 어찌할 바를 모른다. 엄마가 숙제나 공부를 제대로 봐 주지 않았던 우리 아이들의 학교생활이 얼마나 힘이 들었을까 하는 생각이 이제야 들기 시작한 나를 보며 절망한다.

사역의 무게에 눌려 늘 내 고통만 보였다. 남편과의 갈등 속에서 나만 상처 받는다고 생각했다. 하지만 돌이켜 보면 나는 자기 중심적이었고 내 삶에만 충실했다는 자책을 금할 수 없다.

그래서 자녀들만 생각하면 눈물이 난다. 나의 못난 모습으로 인해 가슴이 미어진다. 하지만 나의 모든 부족함과 연약함을 담당하신 예수님께 나의 실수를 가져간다. 그리고 자녀들이 나를 통해 받았을 상처를 예수님이 치유해 주시고 만져주시기를 간절히 기도한다. 허물 많은 부모 대신에 이제는 아버지 되신 하나님을 만날 수 있기를 간절히 기도한다.

자녀들을 향한 잘못을 회개하는 통회의 눈물이 있을 때 예수님께서 우리의 모든 실수를 선으로 바꾸어 주실 것을 믿는다. 아직 나의 자녀들이 다 자라지 않았고, 지금도 부족한 것 투성이지만 모든 죄를 덮어주시는 보혈의 강물을 지나면서 하나님의 놀라운 걸작품으로 완성되어 갈 것을 믿는다.

이미 다 자랐기 때문에 늦었다고 생각하기 전에 지금부터라도 과거의 부족함을 예수님께 회개하며 모든 것을 합력하여 선으로 바꾸실 하나님께 나아가야 한다. 하나님이 부족한 우리를 포기하지 않으시듯이 우리도 우리의 자녀를 끝까지 포기하지 않아야 할 것이다. 성도의 아픔과 고통을 품고 울 듯이 우리에게 맡겨주신 하나님의 자녀를 위해서도 울어야 한다. 그리고 그 눈물이 우리의 자녀들이 가진 믿음에 거름이 될 것이다.

고등학교 3학년인 딸아이가 아빠는 해와 같다고 한다. 아빠의 설교를 들으면 하나님의 은혜의 해가 가득히 비치는 것 같다고 한다. 그리고 엄마는 거름인 것 같다고 한다. 보이지 않는 곳에서 자기를 죽이고 희생하면서 다른 사람을 빛나게 해준다고 말했다. 딸에게 엄마로서 제대로 해주지 못한 죄책감으로 가슴 치며 눈물을 많이 흘리니 하나님께서 불쌍히 여기사 모든 것을 선으로 바꿔주시는 것을 체험하였다.

자녀 앞에 당당한 부모가 어디 있을까? 그 아픔을 주님께 가져가 눈물의 씨를 뿌리자. 하나님이 자라게 하신 열매를 볼 날이 있으리라!

재정 관리를 잘하라

나는 숫자에 약하다. 진열대의 물건이 왠지 싸다 싶어 가까이 가보면 동그라미를 잘못 읽은 경우일 때가 대부분이다. 십만 원 대의 옷이 싸다 싶어 다가가면 백만 원 대이다. 가계부는 끝까지 또 정확하게 적어 본 적이 한 번도 없다. 더구나 사례가 얼마인지 외우지도 못한다. 겨우 외울 때가 되면 해가 바뀌어 있다. 그러니 애초에 재정을 관리한다는 것은 내게 너무 어려운 일이 아닐 수 없다.

나뿐만 아니라 대부분의 사모들은 아마 재정을 관리하는 능력이 떨어지리라 생각된다. 또 계산이 빠른 이들도 많지 않을 것이다. 계산에 밝았다면 사모가 되었겠는가? 물론 계산이 정확하고 재정 관리 능력이 탁월한 사모들도 있다. 그런데 이들 사모님들 가운데는 계산을 포기해 버리는 경우도 종종 본다. 목회자의 생활이 계산대로 살아지는 것이 아니지 않는가?

신혼살림을 차렸을 때, 남편의 통장에 있는 백만 원이 우리의 전 재산이었다. 하지만 몇 달이 못 되어 바닥이 났다. 남편이 사례를 꼬박꼬박 받았음에도 불구하고 그 돈을 다 써버린 것이다. 물론 사례가 워낙 적은 데다 나가는 돈이 많았다고 한다면 할 말이 없다. 그러나 돌이켜 보면 그 돈은 결코 적은 돈이 아니었다. 문제는 내가 아르바이트 해서 번 돈 외에 돈을 만져본 적이 없다는 것이다. 아르바이트 해서 번 돈마저 부모님께 다 드리고 용돈만 타 썼기 때문에 돈을 관리하는 방법을 전혀 몰랐다.

지금 돌아보면 웃음이 날 만큼 살림을 제대로 꾸려나가지 못했었다. 시장을 보고 오는 내게 마침 우리집 근처에 살던 친구가 말했다.
"어제 시장에 다녀오더니 왜 오늘도 시장을 보니?"
그 때, 나는 이렇게 말했다.
"결혼하면 매일 시장 가야 하는 것 아니니?"

냉장고에 먹을 것이 있어도 매일 시장에 가야 하는 줄 알았다. 이뿐 아니라 지출하지 않아도 될 지출을 얼마나 많이 했는지 모른다. 하지만 더 큰 문제는 나의 재정관에 있었다. 하나님께 모든 것을 드리겠다고 결단하고 사모의 길에 들어섰다면 돈을 모으면 안 된다고 생각한 것이다. 대학원에 다닐 때 결혼했는데 나는 결혼하기 전까지 매주 내가 가진 모든 것을 헌금으로 드렸다. 얼마 되지 않는 아주 적은 돈이었지만 주를 위해 목숨을 드리겠다고 기도하면서 가진 돈도 내어드리지 못한다면 무엇을 할 수 있겠는가 하는 마음으로 하나님께 예물을 드렸다. 주의 일이다 싶으면 있는 대로 드리며 살았다. 그 습관이 있다 보니 결혼을 해서도 되는 대로 돈을 사용했다.

그런데 친정어머니께서 내게 적금을 들라고 하셨다. 적금을 부을 형편이 절대 안 된다고 했더니 협박과 회유를 동원해서 적금을 들게 하셨다. 나는 얼마가지 않아 적금을 해약하게 될 것이라 생각했다. 목회자가 무슨 저금이냐 하는 생각 때문이었다. 하지만 남편도 적금 들기를 원하여서 순종했지만 하나님이 기뻐하시지 않아서 곧 적금을 해약해야 할 상황이 생기리라 생각했다.

그러던 어느 날, 남편이 너무 심각한 얼굴로 깊은 한숨을 쉬었다. 그렇게 수심에 잠긴 얼굴을 한 번도 본 적이 없었기에 그 이유를 물었다. 그러자 내가 돈 관리를 너무 못해서 앞으로 살아갈 일이 너무 걱정스럽기 때문이라고 하였다. 집안에서 장남인 데다가 부모님은 평생 개척교회만 하셨기에 우리가 매달 용돈을 드려야 할 상황이었다. 주의 길을 가는데 무엇이 걱정이냐 싶었지만 남편이 너무 근심을 하기에 하나님께 기도를 드렸다.

"하나님, 저는 하나님께서 부르셔서 사모가 되었습니다. 사모가 되기 위해 많은 준비를 했습니다. 그런데 저 때문에 주의 종이 저렇게 근심하고 있습니다. 사모가 되어서 주의 종을 근심하게 해서 되겠습니까? 제게 물질을 잘 관리할 수 있는 능력을 주시옵소서!"

사모가 되기 위해 열심히 기도하고, 성경을 많이 읽었지만 정작 남편이 필요로 하는 것은 물질을 잘 관리하는 것이었다. 그 때 비로소 알았다. 살림을 규모 있게 잘 하는 것이 목사님이 마음 편하게 사역할 수 있도록 내조하는 것이라는 것을. 하지만 내게는 그런 능력이 없었다. 그래서 하나님께 기도했다. 그리고 영적인 부분을 준비하는 것 못지 않게 생활을 잘해 나가는 것이 내조라는 것을 알게 되었다.

나의 물질관이 바뀌기 시작하니 있는 대로 다 쓰던 것을 멈추고 저금을 하게 되었다. 5년 동안 불입하던 적금을 해약할 상황이 수없이 많았음에도 불구하고 만기까지 가면서 하나님의 도우심이 있음을 보았다. 하나님께서 저금하는 것을 기뻐하시는 것을 체험할 수 있었다.

어떤 세미나에서 한 목사님이 말씀하셨다. 부교역자 시절에는 헌금도 많이 하지 말고 저금을 해놓으라는 말씀이었다. 그 권고를 들을 때, 목사가 석 달 먹을 양식만 있으면 성도와의 싸움에서 이긴다고 하신 선배 목사님이 말씀이 생각났다. 목사에게 석 달을 버틸 돈이 있다면 불의와의 싸움에서 이길 수 있고, 돈이 많은 성도의 눈치를 보지 않을 수 있다는 말씀으로 해석되었다.

목회자가 저금을 한다는 것은 참 쉬운 일이 아니다. 그러나 십

일조를 떼어 하나님께 드리는 것이 당연하듯이 십일조에 해당하는 금액은 저금해야 한다. 그리고 경제적으로 자립하는 제일 좋은 방법은 일단 저금한 돈은 우리 돈이 아니라고 생각해야 한다. 모든 지출은 저금을 제외하고 계획을 세워야 한다. 적금을 해약해야 할 상황이면 돈이 생길 때까지 기도하며 기다려야 한다.

그 작은 사례에서 어떻게 저금을 할 수 있을까 하는 의문이 들겠지만 저금하는 돈은 하나님의 몫이라 여기며 떼어낼 수 있는 용기가 필요하다. 그리고 하나님은 우리가 저금하는 것을 기뻐하시고 도와주심을 알아야 한다. 경제적으로 어렵게 사는 사람들은 돈을 적게 버는 사람이 아니다. 돈을 많이 벌어도 본인의 수입보다 많은 지출을 하면 빚에 쪼들리게 된다. 아무리 수입이 적어도 저금하며 사는 사람들이 있다. 목회자의 사례보다 훨씬 적은 돈으로도 저금을 하는 사람들이 있다.

사실, 목회자들 가운데 믿음으로 먼저 지출을 하는 경우를 많이 본다. 하지만 그런 믿음도 좋지만 일단은 자신의 수입 안에서 지출의 규모를 줄여나가는 것이 좋다. 수입에 비해 지출을 과하게 쓰는 분들은 사모보다는 목회자가 많은데 목회자라서 사모들보다 경제 개념이 더 없는 것 같다. 목회에 필요하다는 말을 들으면 앞뒤 없이 그냥 사는 분들도 많은데 목사님을 위해서 다 해드려야 하지만 수입의 한계를 지나치게 넘었다 싶을 때는 서로가 절제하는 것이 좋다.

금융기관에서 근무하는 한 형제가 있었는데, 전도사의 신용이 심각하게 좋지 않다는 말을 들었다. 얼마나 하나님의 영광을 가리는 일인가? 젊은 교역자들 중에는 지출에 대해서 하나님이 채워주실 것을 믿고 절제하지 않는 경우가 더 많고, 물질에 시험 드는 경우가 더 많은 것을 본다. 목사가 되고 담임목사가 되면 해결되리라 여기며 수입 한도를 초과해서 쓰던 목회자들이 결국에는 돈 문제에 걸려 힘들게 되는 경우를 본다.

목회자에게 돈이 많다는 것은 결코 덕이 되는 일이 아니다. 하지만 물질에 어려움을 겪는 것은 더 덕스럽지 않은 일이다. 사례 안에서 우리 스스로 설 수 있어야 한다. 물론 성도들이 도움을 줄 수 있고, 하나님의 도우심이 있는 것은 당연하다. 하지만 도우심을 바라기 전에 얼마의 사례이든지 그 안에서 자립할 수 있어야 한다.

과대한 지출의 이유 가운데 하나가 낮은 자존감에서 비롯된 경우를 보게 된다. 본인에게 꼭 필요한 것인지 아닌지 살펴보기 전에 다른 사람이 사니까 따라 사는 경우도 없지 않다. 일반인들 가운데 좋은 차, 좋은 집 그리고 옷으로 자신을 내세우려고 하는 이들이 있는데 모두 자존감이 낮은 이들이다. 자존감이 높은 이들은 소비에 있어서 뚜렷한 주관이 있고, 필요에 따라서 지출을 한다. 또 과도하고 불필요한 지출은 하지 않는다. 그러다 보니 돈이 모이고, 돈이 모이면 자존감이 높아지는 것이다.

사례가 너무 적어서 어렵게 사는 분들도 있지만, 재정을 제대로 관리하지 못해서 어려운 경우가 더 많다. 목회에 헌신하는 분들이 대부분 경제 관념이 약하기 때문이다. 그러나 그렇다고 그냥 살아서는 안 될 것이다. 하나님께 도움을 구하며 능력을 구해야 할 부분이라고 생각한다.

　아무리 형편이 어렵다고 해도 조금이라도 저금을 하는 습관은 아주 중요하다. 경제적으로 자유를 누리며 목회를 하는 것이 목회에 대한 스트레스를 많이 줄여준다. 경제적인 부분을 제외하고도 목회는 너무 어려운 일이다. 거기에 경제적인 짐마저 안게 된다면 얼마나 어렵겠는가? 그런데 경제적인 자유는 우리의 노력으로 어느 정도 가능해진다.

　담임목사로서의 첫 부임지에서 지내는 동안 힘들고 어려운 일들이 수없이 있었다. 만약 부교역자 시절에 경제적인 준비를 제대로 하지 못했다면 목회가 더욱더 어려웠으리라 생각한다. 그리고 많은 유혹과 시험에 빠졌으리라 생각한다. 목회자의 경제적인 자립은 목회에 많은 도움이 되는 것 같다.

　사실, 경제적인 문제를 놓고 글을 쓰기 위해서 많은 고민을 하였다. 같은 목회자라도 처한 환경과 형편이 다르기 때문이다. 그리고 나는 경제적인 부분에 대해서 전혀 밝지 않기 때문이다. 자기도 제대로 못하면서 무슨 말을 하겠는가? 정말 저금이 아니라 먹고 살 것이 없는 분들도 많지 않겠는가?

　경제적인 부분에서 나는 아직도 부족하다. 가계부를 적으면서 사모가 이렇게 돈에 대해 관심을 가져도 되는가? 혹은 이 가계부 적을 시간에 기도라도 더 해야 하는 것 아닌가? 하는 생각이 들기도 한다. 거기다 제대로 적지도 않는다. 하지만 가계부를 적다보니 성도들의 선물이 귀하고, 성도들의 대접이 귀한 것을 알게 된다. 자기 돈을 함부로 쓰는 이들은 성도들의 대접이나 선물에 대해서도 감사의 마음이 덜한 것을 본다. 성도들이 이 대접을 하면서 얼마나 절약을 하고, 준비해서 대접하는지 잘 모를 수 있다.

그러므로 사모들은 검소하고, 또 절약하며, 저금을 하도록 애를 써야 할 것이다.

검소하게 살고 가계도 잘 꾸려나가고 가계부도 잘 적는 분들 가운데 경제적으로 어려움을 겪는 경우도 있다. 그래서 아예 관리를 하지 않기도 한다. 물질을 관리하는 것이 하나님이 기뻐하시지 않기 때문이라서 그런가 보다라는 생각을 한다. 하나님은 물질을 관리하는 것을 기뻐하시지 않는 것이 아니다. 하나님을 믿는 믿음보다 물질을 더 의지하든지, 물질에 집착하는 경우일 것이다.

우리의 인생과 목숨을 하나님께 드리지 않고 온전히 목회하기는 힘이 든다. 그 증거로 물질을 하나님께 온전히 드릴 수 있어야 한다. 아무리 저금을 많이 해 놓았다 해도 하나님이 지금 다 내어놓으라면 다 내어놓을 수 있는 결단과 믿음이 선행될 때 물질을 관리하는 데 시험이 들지 않을 수 있다. 하나님보다 물질을 의지하고, 물질을 더 중요하게 여기면 하나님께서 축복하실 수 없지 않겠는가? 물질을 잘 관리하지 못하는 것도 분명히 문제가 되지만 너무 물질 관리를 잘해서 그 재미에만 빠지면 하나님께서 함께하시지 않는다.

결혼 전, 하나님의 인도로 교회를 옮기게 되었다. 습관처럼 가진 돈을 다 헌금하고 나니 점심을 사먹을 돈이 없었다. 이전에 다니던 교회에서는 봉사를 많이 하니까 당연히 식권이 나왔지만 새로 옮긴 교회에서는 따로 식권을 받을 수 없었다. 그렇다고 중간에 집에 갈 형편도 되지 않았다. 그 때 나도 모르게 주머니에 손을 넣었는데 50원짜리 동전이 하나 있는 것이 아닌가? 그 교회의 밥값이 50원이었다. 하나님께서 나에게 점심값으로 예비해 두신 것이다. 그 50원의 감격이 얼마나 컸던지 잊혀지지 않는다.

우리가 가진 모든 것을 하나님께 드릴 때 하나님의 것이 다 우리의 것이 된다. 지금 경제적으로 많은 어려움을 겪는 분이 있다면 그 가진 모든 것을 하나님께 드리는 기회로 삼아보라. 많은 것을 가지고 있을 때는 드리는 것도 쉽지 않다. 하지만 적게 가지고 있을 때는 있어도 되고 없어도 되지 않는가? 우리가 가진 모든 것을 하나님께 드리는 결단을 통해 우리의 신앙이 굳어지고 마침내 하나님의 모든 것이 내 것이 되는 풍성함을 경험하는 기회가 될 것이다.

몇 년 전, 은퇴 후의 일을 생각해 보았다. 노후 자금이 많이 모자랐다. 한편 염려가 되기도 했다. 하지만 목회를 하다가 말년에 돈이 없어서 비참해지고, 혹시 집이 없어서 요양원 같은 곳에 있게 된다는 것은, 우리의 모든 것을 하나님께 드린 것이 되고 하늘나라에서의 나의 상급이 아닐까 생각하니 오히려 힘이 났다. 만약 먹을 것을 살 돈이 없어서 굶어죽는다면 그것도 감사한 일이 아닌가? 우리의 모든 인생을 주를 위해 다 불살랐기 때문이다. 우리가 주를 위해 열심히 하면 하나님이 모든 것을 풍성하게 하실 수도 있고, 그렇게 하지 않을 수도 있다. 목회라는 것이 가시밭길이고 힘든 길이기 때문이다. 하지만 주를 위해 비천한 곳에 처함을 감사하고, 그 가운데서도 주를 위해 가진 모든 것을 작은 것이나마 내어드린다면 얼마나 큰 은혜이겠는가?

물질을 잘 관리하는 것이 목회를 돕는 것임을 알고 하나님께 물질을 잘 관리할 수 있는 능력을 주시기를 기도했다. 그 이후로도 나는 여전히 숫자 개념이 없고, 돈 관리를 잘 하지 못한다. 하지만 하나님의 도우심을 간절히 구한 후에, 재정을 잘 관리하는 것도 내조의 큰 부분인 것을 깨달은 후 하나님의 도우심으로 물질의 복을 받는 것을 느낀다.

한때 은퇴 후에 굶어죽지 않을까 생각하며 그것도 감사한 적이 있었지만 매순간 오직 주의 교회의 부흥과 성도들을 섬기는 일에 최선을 다하는 나는 이상하게 은퇴하면 지금보다 더 큰 차를 타고 다닐 것 같고, 은퇴하면 지금보다 더 좋은 집에서 살 것 같다.

물질은 하나님보다 크지 않다. 하나님 안에 모든 것이 있다. 하지만 하나님께서 주신 것을 잘 관리하는지에 대해서는 우리 자신을 잘 돌아볼 필요가 있다. 우리 남편들의 통장에 잔고가 넘쳐나는 그 날을 위하여 힘을 내자. 하나님의 축복이 함께하시길…….

셋째 마당
하나님 앞에서

사모여, 꽃비를 보라!
사모여, 주 앞에 사모로 서라!
사모여, 바다가 되라!
사모여, 예수의 이름으로 서라!
즐거우냐?
명품이 되라!

사모여,
꽃비를 보라!

 젊은 시절, 꿈을 꾼 적이 있다. 내 눈앞에 한눈에 보기에도 아찔하기 그지없는 꼬불꼬불하고 가파른 산길이 보였다. 얼마나 가파르고 위험해 보였는지 보기만 해도 두려웠다. 그런데 그 험한 길에 버스가 지나가고 그 버스엔 내가 타고 있었다. 버스 밑은 아찔한 낭떠러지였고 그 길은 끝없이 이어져 있었다. 그 길을 가야 한다는 생각만 해도 오금이 절로 저려왔다.

 그런데 버스가 출발한 지 얼마 되지 않아 하늘에서 꽃비가 내리기 시작했다. 끊임없이 내리는 꽃비는 말로 다 할 수 없을 만큼 아름다웠다. 나는 창문을 열고 하늘에서 내리는 분홍색 꽃잎을 바라보며 너무 행복해 했다. 꿈이라고 하기엔 매우 생생했기에 아직도 그 장면이 눈에 선하다.

 꽃비의 아름다움에 마음이 빼앗기다 문득 험한 산길을 가고 있다는 생각이 났다. 길이 언제쯤 끝이 날까 싶어 내려다보니 어느새 험한 산길이 끝나 있었다. 산길을 통과하는 내내 꽃비를 바라보느라 두려워할 새가 없었던 것이다. 오히려 말할 수 없는 황홀한 경험을 했다.

그 꿈이 심상치 않다는 생각을 하던 중, 나는 곧 큰 시험의 소용돌이에 말려들었다. 너무 힘들고 어려운 상황이 계속 되었다. 하지만 그 시기 동안 하나님은 내게 이루 헤아릴 수 없는 큰 은혜를 부어주셨다. 기도할 때마다 가슴 깊숙이 우러나오는 큰 기쁨을 주셨고, 말씀을 들을 때마다 힘을 주셨다. 하나님께서 부어주시는 영적인 은혜가 너무 크다 보니 내가 겪었던 어려움에 대해 고민할 겨를이 없었다. 그렇게 하나님의 은혜에 잠겨 있는 가운데 시험의 소용돌이는 지나가 버렸다. 험한 낭떠러지와 같았던 환난을 지났지만 그 환난의 내용이 무엇이었는지 전혀 기억이 나지 않는다. 단지 부어주셨던 하늘의 은혜가 컸다는 것만 꽃비와 함께 기억날 뿐이다.

그 꿈을 꾸고서 내가 깨달은 것은 아무리 힘들고 어려운 길을 가더라도 하나님께서 부어주시는 은혜를 받으면 어려움이 어려움으로 여겨지지 않는다는 것이었다. 또 힘들고 어려운 길을 갈수록 하나님이 부어주시는 은혜가 크다는 것을 알았다. 그 뒤로도 종종 힘들 때마다 하나님의 위로와 은혜가 더 크게 임하는 것을 많이 체험했다. 교회에 부임해서 예배당 건축 때까지 나는 이런 하나님의 은혜를 더욱 확실히 알게 되었다.

부교역자 시절을 거쳐서 담임목사가 되는 길은 순탄하지 않았다. 삼 년 가까이 애를 쓰는 가운데 겨우 부임하게 된 곳이 대구의 한 교회였다. 교회의 10대 담임 교역자로, 8대 담임목사로 남편이 부임했을 때는 교회의 역사가 39년이 되던 때였다. 역대 담임목회자의 평균 재임 기간은 5년이 채 되지 않았고, 설상가상 교회는 큰 시험에 들어 성도의 절반 가량이 빠져나간 상태였다. 손을 제대로 보지 않은 예배당은 낡을 대로 낡아 있었고 내부는 침침하기까지 했다. 거기다 성도들의 표정마저 예배당 못지 않게 어두웠다. 시간이 가면서 드러나는 교회의 사정은 절망적이었고, 성도들을 대하는 것이 더욱 힘들어갔다.

더구나 대구의 교회에 부임해 오기 몇 년 전부터 나의 영성은 최악으로 치닫고 있었다. 아무리 기도를 하려고 해도 기도의 문이 열리지 않았고, 말씀을 읽어도 은혜가 되지 않았다. 거기다 심각한 우울증을 오랫동안 앓고 있던 상황이었다. 몸은 말할 것도 없이 약해져 처녀 때보다 더 마를 정도였다. 영적으로 정신적으로 육신조차 정상의 상태가 아니었다. 막내가 네 살이었고 위로 두 아이가 있었다. 가정 안에서도 가장 힘든 시기라 연약한 내가 감당하기에는 너무 힘들고 어려운 상황이었다. 은혜가 넘치는 교회에 부임해 와도 부족한데 큰 시험에 든 교회에 왔으니 난생 처음 죽고 싶다는 말이 입 밖으로 나올 만큼 절박했다.

39년 세월에 담임 교역자가 10번이나 바뀐 교회라 성도들은 상처가 너무 많았다. 목회자에 대한 상처도 많았지만 서로가 서로에게 준 상처들은 역사로 남고, 서로의 가슴에 분노로 남아 있었다. 그리고 그 상처들은 고스란히 남편과 내가 안아야 했다. 안정되고 큰 교회에만 있었던 나는 이제껏 내가 겪어 왔던 환경과 너무 다른 교회와 성도들로 인한 충격으로 멍해질 때가 많았다. 나는 왜 이리 복이 없을까 하는 생각마저 들었다.

그런데 부교역자 시절에 그토록 몸부림치며 애써도 열리지 않던 기도의 문이 절로 열리고, 엎드릴 때마다 하나님의 음성이 들리는 것이었다. 처음에 하나님의 음성을 들었을 때 매우 선명하고 분명하게 들려서 잘못 들은 것이 아닌가 하는 생각이 들 정도였다. 들리는 소식마다 절망적이고, 성도들의 반응은 내게 많은 상처와 두려움을 주었지만 하나님의 은혜는 너무도 강렬했다. 예배 때마다 감격이 넘치고, 남편이 전하는 하나님의 말씀에 은혜를 받다 보니 영적으로 정신적으로 다 치료가 되었다.

입에서 나도 모르게 '죽고 싶다' 라는 말이 튀어나왔을 때 비로소 나의 우울증이 심각하다는 것을 알았다. 우울증 치료를 받던 집사님의 약을 얻어서 먹어보고 효과가 있으면 병원에 가리라는 결심을 했다. 오래 전부터 정신과 치료를 한번 받고 싶다는 생각을 했었다. 하지만 그 정신과 병원의 문턱을 넘기가 쉽지 않았다. 그러나 더 이상 버티면 안 될 것 같았다. 그렇게 약을 얻었던 날 저녁 집회가 있었다. 교회에 부임하고 얼마 되지 않아 남편이 일 주일 동안 인도한 집회였다. 그런데 그 말씀에 어찌나 은혜를 받았던지 이상하게 모든 우울한 기분이 다 떠나는 느낌이 들었다. 그리고 우울증이 치료되었다는 강한 확신이 왔다.
　이처럼 나는 교회의 객관적인 여건과 관계 없이 모든 예배 시간마다 은혜를 받았고, 기도 때마다 응답을 받는 놀라운 축복을 체험했다.

　그리고 1년이 지날 무렵부터 기도만 하면 건축에 대한 응답과 확신을 주셨다. 나는 그 주신 응답을 아무에게도 말을 하지 않았지만 교회에서 서서히 건축에 대한 말이 오가기 시작했다. 그리고 3년째 되던 해, 건축의 시작을 선포하였다. 그래서 건축이 잘 이루어지게 해달라고 기도하려고 했다. 그런데 건축에 대해 기도를 하려고만 하면 하나님은 이미 이루어졌다는 확신을 주셨다. 그래서 건축에 대해서는 기도를 별로 하지 않았다.

　현실적으로는 건축의 시작을 알리고도 2년 동안 삽 한 번 뜨지 못할 만큼 어려움들이 많았지만 어려운 사정을 안고 기도를 시작하려고만 하면 자꾸 이미 다 이루어졌다고 말씀하셨다. 그리고 자꾸만 기쁨이 넘쳐흘렀다. 그리고 좀 지나서는 기쁨이 넘치다 못해 춤까지 나왔다. 그러다 보니 건축이 끝날 때까지 철야는 물론 한 끼의 금식기도조차 하지 않았다.
　우리 교회가 건축할 무렵 이웃에 있는 큰 교회들에서 증축과 교육관 건립을 했다. 이 상황에서 한 교회는 큰 시험에 들어 급기야 목사님이 조기은퇴까지 하는 상황으로 갔다. 그런데 그 교회들과 비교가 안 될 만큼 열악한 우리 교회가 건축을 한다고 했을 때 모두가 믿지 못했다. 하다 말겠거니 하고 생각하거나 대충 조그맣게

짓겠지 하고 여겼다. 나 역시 교회가 어떻게 지어질지에 대해 아무 답이 없었다. 단지 기도만 하면 나는 그냥 웃고 있었다. 그리고 내 영혼은 열심히 춤을 추고 있었다. 평생 그렇게 춤을 추며 기도해 보기는 처음이었다.

내 심령에 임한 하나님의 평안은 응답이 되어 교회 부임한 지 만 4년이 되던 해, 천 석의 예배당이 완공되고 그 해 5월에 헌당식을 겸한 입당예배를 드렸다. 예배당을 지을 때까지 한 번도 물질의 어려움을 겪지 않았다. 그리고 건축 과정에서 수없는 기적을 보여주셨다.

돌이켜 보면 내가 가장 연약하고 힘든 때가 부임하고 건축이 이루어지기까지의 시기였다. 한 끼의 금식조차 감당하기 힘들 만큼 연약했던 나였기에 하나님은 은혜를 그저 부어주셨다. 그리고 언제나 내게 용기를 주는 음성을 들려주셨다. 아무것도 하지 않고, 정말 기도조차 제대로 하지 않았던 내게 이 큰 복을 주신 것은 내가 너무 힘든 산길을 가고 있었기 때문이었다.

부임해서 건축까지 큰 고난의 여정 가운데 하나님의 은혜를 맛보며, 나는 산길을 가는 동안 하늘에서 내리던 꽃비를 늘 기억했다. 고난이 깊을수록 하나님의 은혜가 더욱 큰 것을 경험했다. 그 고난의 세월이 꿈결처럼 나도 모르는 사이 순식간에 지나갔음을 고백한다.

사모님들을 만나면 한결같이 하나님의 은혜를 많이 받고 있음을 느낀다. 하나님의 특별한 사랑을 체험하고 있는 여인들임을 알 수 있다. 아마도 사모라는 직분이 이 세상에서 가장 감당하기 힘든 사명이기 때문이 아닐까?

하나님이 우리를 돌짝밭으로 보낸다면 단단한 구두도 준비하시리라고 코리 텐 붐 여사가 말했다고 한다. 우리의 길은 언제나 돌짝밭인 것 같다. 그래서 하나님은 언제나 우리를 특별히 사랑하시고 축복하시나 보다.

힘들고 어려운 길을 가는 연약한 사모여, 창을 열어 보라.
하늘에서 꽃비가 내린다!

사모여,
주 앞에 사모로 서라!

내가 아는 한 사모님은 개척교회를 할 때, 성도 중에 문제가 생기면 그 성도의 문제가 해결될 때까지 밤마다 같이 철야기도를 했다고 한다. 나는 그 사모님 앞에서 절로 머리가 숙여졌다. 뿐만 아니다. 나와 절친한 한 사모님은 자신의 아이도 셋인데 동서가 버리고 간 세 조카를 데려다 같이 길렀다. 이 후 교회 개척을 하는 힘든 과정에서 재혼하는 여동생의 두 딸도 데려다 같이 씩씩하게 키우고 있다. 이를 본 한 성도는 부모에게 버림받은 한 아이까지 이 집에 데려왔더란다. 그런데 그 아이마저도 거두어들인 경이롭다 못해 경악스러운 사모님도 있다.

대부분의 사모님들은 일반인들이 상상할 수 없을 만큼의 육체적 정신적 수고를 한다. 하지만 수고한 만큼의 경제적인 보상이 따르지 않기 마련이다. 그뿐 아니라 어느 누구에게서도 제대로 된 위로마저 받지 못한다. 심지어 남편에게서도 위로를 받지 못하는 경우가 허다하다.

하지만 이런 수고보다 우리 사모들을 더 힘들게 하고 괴롭히는 것이 있다. 그것은 온갖 수고에도 불구하고 교회에 변화가 생기지 않는 것이다. 성도들이 좀 느는가 싶다가도 빠져나가고, 좀 부흥하는 듯 보이다가도 갖가지 시험으로 제자리로 돌아간다.

전심전력을 다해 주의 일을 해 본 사모들은 모두 느낄 것이다. 사모가 아무리 열심히 해도 소용이 없다는 것을, 오로지 목사님의 그릇만큼 하나님께서 교회를 키워 가신다는 것을. 그래서 사모들의 소원은 목사님이 하나님 앞에 신실한 일꾼으로, 쓰임 받는 일꾼으로 인정받는 그 날이 오는 것이다. 이를 위해서 말 없이 기도하기도 하고, 권면을 하기도 하는 등 모든 수단을 다 동원해 본다. 하지만 대부분 우리 사모들의 노력은 제대로 결실을 거두지 못하는 경우가 많다.

목회에 성공한 사모들을 보면 부럽기 그지없다. 신실한 사모님들은 그들의 성공이 부러운 것이 아니다. 목회에 성공한 사모님들이 하나님 앞에 자신보다 더 훌륭하고 귀한 그릇으로 여겨져서 부러운 것이다. 그분들은 대체 얼마나 열심히 하나님을 잘 섬기기에 저렇게 성공할 수 있었을까 하는 생각이 사모들을 괴롭힌다. 지금 하고 있는 일마저도 힘에 부대껴서 숨이 넘어가기 일보 직전인데 대체 얼마나 더 하나님을 잘 섬겨야 하는 것일까 하는 고민이 앞서기도 한다. 하지만 엄밀히 살펴보면 사모의 역량과 목회의 성공과는 그다지 연관성이 없다. 우리 교회보다 규모가 작은 교회의 사모님들 가운데 나보다 훨씬 더 많은 봉사를 하고 하나님 앞에 신실한 사모님들이 많다. 그분들을 보면 나 스스로가 너무 부끄럽고 송구스럽다.

주를 위해 십자가를 지고 고난의 길을 마다하지 않고 사명의 길로 접어든 사모님들의 수고는 일일이 말로 다 할 수 없을 것이다. 하지만 아무리 고생을 해도 교회만 부흥된다면 그 어떤 수고라도 괜찮다. 그러나 고생에 비해 교회가 부흥되지 않을 때 사모들은 절망한다. 하나님 앞에 자신이 뭔가 문제가 있는 것이 아닌가 하는 생각을 한다. 자신의 부족함을 탓하며 열심히 주의 일을 하지만 결과는 마찬가지이다.

나는 사모님들께 권하고 싶다. 목회의 성공은 우리의 분량이 아니라고. 우리는 주님 앞에 설 때 목사로 서는 것이 아니라 사모로 설 것이기 때문이다. 목사님들은 그들의 목양지가 하나님 앞에 설 때 내놓을 것이라면 우리 사모가 하나님 앞에 내어놓을 것은 얼마나 목사님을 잘 섬겼느냐일 것이다. 하나님은 사모에게 얼마나 목양을 잘했고 얼마나 교회를 부흥시켰느냐고 묻지 않으실 것이다. 내가 세운 나의 종을 얼마나 예수님처럼 섬겼는지, 그를 얼마나 행복하게 해주고, 그에게 얼마나 용기와 격려를 주었는지 물으실 것이다.

내조를 잘해서 목사님이 목회에 성공하는 경우는 사실 그다지 많지 않다. 하지만 목회자의 역량에 상관없이 우리 사모가 해야 할 일은 언제나 산적해 있다. 그리고 그 수고의 대가로 하나님 앞에 상을 받을 것이다. 우리 사모가 집중해야 할 영역도 목회의 성공에 있지 않다. 오직 내게 맡겨주신 하나님의 귀한 사자를 어떻게 섬길 것인가, 그리고 그의 부족을 어떻게 채워 가느냐가 우리의 영역이다. 우리의 내조를 통해 남편이 목회에 성공할 수 있다면 얼마나 좋겠는가? 하지만 아무리 내조를 해도 목회의 성장을 보지 못할 수도 있다. 사모들은 남편을 섬기며 내조해야 하지만 교회의 성장은 하나님과 남편에게 맡겨야 할 것이다.

사실, 작은 교회일수록 사모는 더욱 많은 수고를 하기 마련이지만 열매는 잘 맺히지 않는다. 그러기에 우리에게 믿음이 요구된다. 이 세상의 나그네 길이 끝났을 때 하나님이 주실 상을 기대하자.

내가 다른 사모들보다 많은 사역을 하고 수고를 하지만 그래도 늘 즐거운 마음으로 할 수 있는 것은 결과에 연연해 하지 않기 때문이다. 목회는 남편이 하는 것이고 나는 주 안에서 주어진 나의 일만 한다. 주 안에서 내 달란트를 드리는 것으로 감사하고 주 안에서 헌신할 수 있는 것을 기뻐한다. 그리고 천국을 바라보면 너무 기대되고 감격스럽다. 이 땅에서의 목회가 어떻게 끝날지 알 수 없지만 하나님 앞에 멋진 사모로 설 것 같다.

목회자인 남편과 함께 산다는 것이 그다지 쉽지 않은 내게 하나님께서 자주 들려주시는 음성이 있다. 조용히 무릎 꿇어 하나님을 바라볼 때, 하나님은 미소 띤 얼굴로 말씀하신다.

"애야, 고맙다!"

하나님은 우리의 모든 수고를 아신다. 그리고 그 상을 잊지 않으신다. 그 상은 목회 성공의 여부에 있지 않다. 부족하고 허물 많은 당신의 종들을 어떻게 예수님처럼 잘 섬겼는지에 달려 있다.

목회자인 남편들보다 훨씬 탁월한 사랑하는 사모들이여, 주 앞에 서는 날을 기대하라. 주께서 말씀하신다.

"참으로 수고한 나의 딸아, 너의 섬김이 정말 고마웠다. 너를 위한 잔치에 동참하여라!"

사모여, 바다가 되라!

청년 시절, 찬양을 인도하는 일은 내 영혼을 사로잡았다. 내가 찬양을 인도할 때면 한 아이도 장난을 치는 아이들이 없었다. 모두 우렁찬 목소리로 찬양하고 율동을 힘차게 따라했었다. 여름 성경학교 때 유치부에서 초등부 아이들까지 칠백 명가량의 아이들을 한꺼번에 찬양 인도를 한 적이 있었는데 나이 차이가 많이 나는 아이들과 함께 찬양을 하려니 자신이 없었다. 그런데 하나님은 나를 붙들어 주셨고 모든 아이들이 뜨겁게 하나님을 함께 찬양하는 감동의 순간을 맛보기도 했다.

또한 새가족 부서에서 찬양 인도를 했었는데 교회에 나온 지 6개월이 되지 않은 새가족들이 나를 따라 율동까지 하면서 열심히 찬양하는 모습을 보면서 많은 감동을 받았었다. 젊은이나 연세 드신 분이나 대상에 관계없이 아주 열심히 찬양을 따라했었다.

개척교회를 섬길 때는 전교인 수련회 때 저녁 부흥회 찬양을 인도하기도 했다. 그 때 찬양을 통해 반항하던 청소년들의 마음이 녹아지기도 했었다. 나는 찬양 인도를 위해 일주일 내내 그 영혼들을 붙들고 기도했고, 찬양을 드리기 위해 내 몸과 마음을 정결하게 하는 데 최선을 다했다. 찬양을 인도하고 나면 온 몸의 힘이 다 빠져나갈 만큼 많은 정열이 요구되었지만 하나님을 찬양하는 기쁨과 성도들이 함께 하나님을 찬양하는 그 감동의 순간은 무엇으로도 표현할 수 없는 희열의 순간이었다.

나는 찬양 인도만이 아니라 교사나 성가대 등에서도 능력을 발휘했다. 하지만 사모가 되는 순간 그 모든 것을 내려놓아야 하는 마음의 준비를 하지 않을 수 없었다. 작은 교회에서는 사모가 사역할 곳이 많지만 교회의 규모가 커질수록 사모가 사역할 영역이 없어진다. 사모가 일을 하다가도 교회가 성장해가면 내려놓을 필요가 있다. 사모가 사역을 계속 붙들고 있는 것이 교회 성장의 걸림돌이 되기도 한다. 그러면 사모는 대체 무엇을 해야 한단 말인가? 나는 정말 오랫동안 이 문제로 고민했다.

처녀 시절 봉사를 할 때, 내가 하는 사역이 다른 사람들의 부러움이 되는 것을 느낄 때가 종종 있었다. 그러면 나는 그 사역을 다른 이들에게 양보했다. 기꺼이 그렇게 해야 한다고 생각했다. 그리고 이제는 그것이 사모의 길이라고 생각한다. 하지만 그렇다고 사모가 아무것도 하지 않아야 하는 것은 아니다. 그렇다면 사모는 대체 무엇을 해야 한단 말인가?

그런 고민 끝에 떠오른 영감이 바다였다. 바다는 사모가 나아갈 길을 보여주었다.

멀리서 바다를 본 적이 있는가? 잔잔한 바다는 융단과 같다. 움직임이 전혀 없는 것처럼 보인다. 시냇물은 현란한 몸짓과 요란한 소리를 내며 움직인다. 강물은 소리를 내지는 않지만 땅을 차지하고 유유하게 흘러간다. 강과 시냇물은 땅 위에 존재한다. 하지만 바다는 땅 위에 존재하지 않는다. 이미 땅을 떠나 있다. 그래서 대부분의 사람들은 바다를 인식하지 않는다. 땅에 사는 사람들은 바다와 땅이 그다지 연관되어 있다고 여기지 않는다.

하지만 바다는 조용히 그리고 강력하게 자신의 일을 끝없이 진행하고 있다. 땅에서 버려진 온갖 쓰레기와 폐수들을 조용히 받아들인다. 움직임이 없는 듯하지만 바다는 거대한 해류를 형성하며 움직인다. 그 움직임이 바다 밑에서 일어나기에 잘 느껴지지 않는 것이고, 너무도 거대하기에 작은 우리의 눈에 보이지 않는다. 강과 시냇물의 영향력과 바다의 영향력은 비교가 되지 않는다. 바다의 움직임이 만들어 내는 해류는 난류와 한류가 되어 거대한 어장을 만들기도 하고, 기후를 바꾸는 데 결정적인 영향력을 끼치기도 한다. 우리나라보다 위도가 높은 영국이 우리나라보다 기후가 따뜻한 이유는 해류의 영향 때문이다.

하지만 우리는 바다의 이런 움직임을 전혀 알 수 없다. 학교에서 배우지 않았다면 영원히 몰랐을 것이다. 대부분의 성도들이 하는 봉사! 교사나 성가대, 여전도회 임원, 또는 식당 봉사 등 이런 봉사들은 시냇물이나 강물 같은 영성을 가진 이들이 하는 봉사이다. 바다처럼 큰 영성을 가진 이들은 사람들이 인식하지 못하는 곳에서 알 수 없는 가운데 영향력을 미치게 된다.

사모가 꼭 영향력을 미쳐야 하는가? 영향력이 어떤 힘을 행사하는 것이나 권력을 의미하지 않는다. 성령 충만한 그리스도인은 반드시 주변에 선한 영향력을 끼치게 된다. 각자 고유하고 아름다운 영성으로 주변을 아름답게 변화시키는 것이 자연스럽다. 어떤 이들은 앞에 나서서 주도해 간다. 하지만 사모들은 보이지 않는 곳에서 선한 영향력을 끼치는 방법을 찾아가자.

열정적인 나는 조용하고 말 없이 가정에만 머물러 있는 사모들을 부러워했다. 그리고 그들이 참 훌륭한 사모라고 생각했다. 그런데 그런 분들과 대화를 나누면서 그들은 오히려 자신의 무능함을 안타까워하고 있는 것을 알았다. 그들의 내면을 보면서 내가 보기에 완벽하다고 생각했던 사모들은 유교에서 요구하는 여인상이었다는 것을 깨달았다. 그 후로 생각해보니 대부분의 성도들이나 사모들은 유교에서 요구하는 사모상에 매여 있었다. 불신 가정에서 유교의 영향력을 강력하게 받은 나는 더욱더 그랬다. 얌전하고 조용하고 아무 생각 없이 순종만 하는, 내 자신과 다른 여성상에 나를 맞추느라 많은 시간을 고통하며 지냈다.

교회 안에서 내 자리를 찾아간다는 것은 쉬운 일이 아니었다. 가장 열정적으로 주의 일을 했는데 사모가 되면서는 가만히 있어야 하는 줄 알았다. 하지만 그것은 사모의 영성을 병들게 하는 것이었다. 사모의 영성이 병이 들면 목사가 영향을 받고 마침내 교회가 영향을 받게 되지 않겠는가? 사모는 바다와 같이 조용하면서도 강력하게 자신의 고유한 사역의 영역을 찾아갈 수 있어야 한다.

영성이 깊은 분들은 가정에 머물고 있다 해도 자신이 할 일을 잘 찾아서 그들 나름의 리더십을 발휘하는 것을 보았다. 사모가 어디서 어떻게 사역을 하는가 하는 것은 중요하지 않다. 크고 깊은 영성을 가진 이들은 어디에서건 자유를 누린다. 사역을 해야 할 때는 열정적으로, 능력 있게 그 일을 감당한다. 하지만 내려놓아야 할 때가 되면 자유롭게 그 일을 내려놓을 수 있다. 그리고 남들이 발견하지 못하는 또 다른 일들을 찾아 조용히 자신의 일을 찾아갈 수 있다.

바다와 같이 깊은 영성이 있는 사모가 가는 곳은 차갑던 곳도 따뜻해지고, 더운 곳도 시원해진다. 세상의 모든 더러운 때를 묻혀서 교회에 온 이들을 조용히 품고 사랑으로 그들의 때를 씻어 낸다. 바다 같은 사모에게 가면 언제나 풍성한 먹을거리가 있다. 영적으로 갈급한 영혼들에게 언제나 신선한 하나님의 영의 양식을 공급할 수 있다. 땅 위에 바다의 자리가 없다. 교회 안에서도 사모의 고유한 영역이 없다고 생각하는 사모는 늘 외롭다. 하지만 바다가 땅을 둘러싸고 있다. 바다가 너무 거대해서 땅이 바다에 싸여 있다는 것을 몰랐던 것이다.

 교회 안에서 자신의 자리를 제대로 찾지 못하는가? 어쩌면 당연한 일일 것이다. 우리가 교회를 싸고 있기 때문이다. 교회 안에서 어느 한 자리가 우리의 영역이 아니다. 하나님이 우리를 사모로 부르셨을 때 우리에게 거대한 영성을 주셨다. 목회자를 비롯해 교회의 모든 성도들을 품을 수 있는 바다와 같은 영성을 주신 것이다. 우리가 바다와 같은 영성을 마음에 그리며 바다와 같은 영성을 갖는 것을 우리의 비전으로 삼을 때 하나님은 우리를 바다와 같게 하실 것이다.

 조용하면서도 강력한 힘을 가진 바다를 바라보라. 그 바다를 가슴에 품으라!

사모여,
예수의 이름으로 서라!

2007년 9월 마지막 주일, 두 사람의 부교역자가 한꺼번에 사임했다. 그들이 교회에 부임해 온 지 일 년도 안 된 가운데 일어난 일이었다. 더구나 바로 앞에 있던 부교역자도 일 년을 채우지 않고 사임했다. 이 세 사람은 모두 탁월한 사역자들이었다. 그러나 남편과 조화를 이루지 못했다. 해마다 성장하던 교회의 성장은 멈추었고, 심지어 성도가 줄어들기까지 했다. 남편이나 나나 이제껏 경험하지 못했던 부교역자와의 갈등을 어찌할지 몰라 머뭇거리는 사이 부교역자들은 사퇴서를 던지고 교회를 나가 버렸다.

교회는 커다란 시험의 소용돌이에 휩쓸리게 되었다. 우리 교회는 교역자의 이동에 유달리 민감한 교회이다. 담임 목회자의 이동이 워낙 잦다 보니 부교역자가 이동할 때도 많은 부작용이 있었다. 그런데 세 명의 교역자들이 연달아 일 년을 채우지 않고 사임하게 되는 일은 어느 모로 보아도 심각한 일이 아닐 수 없었다. 특히 한꺼번에 두 사람이 고의적으로 사임한 일은 남편의 목회 리더십에 치명적인 영향을 끼쳤다.

이들의 사임 과정에서 우리가 하고 싶은 말은 수없이 많았지만 그 어떤 말로도 우리의 무능을 변명할 수는 없었다. 어쨌든 그들을 동역자로 선택한 이는 남편이기 때문이다. 결론적으로 남편이 시행착오를 한 것이 되었다. 그런데 시험은 그것이 끝이 아니었다.

자고 일어나면 이상한 루머가 돌고, 자고 일어나면 말도 안 되는 말들이 교회에 퍼져갔다. 그런데 그 모든 중심에 내가 거론되었다. 다행히 당회가 하나가 되어 있었기에 말도 안 되는 말들에서 내가 보호를 받을 수 있었다. 하지만 일은 이상하게 커져갔고, 모든 공격은 나에게 집중되었다.

말도 안 되는 루머에 휩쓸릴 때 나는 하나님이 나를 낮추기로 결정하셨다고 생각했다. 하나님이 한 번 낮추시기 시작하면 누가 감당하겠는가? 그래서 어떤 공격에도 반응하지 않고, 무조건 회개의 무릎을 꿇었다. 도무지 잘못한 것이 떠오르지 않았지만 그냥 무조건 잘못했다고 하나님께 기도했다.

무릎을 꿇고 무조건 잘못했다는 회개의 기도를 하는 가운데 몇 달 전에 받았던 기도 응답이 떠올랐다. 교회 예배당이 완성되었지만 진정한 건축은 성전인 성도를 세우는 일이라 여기며, 내 모든 생명을 걸고 나의 모든 것을 희생하고 성도를 세우는 일에 전심을 다하기로 결심하고 성도를 세워나갈 때였다. 그런데 교회는 부흥되지 않았다. 나의 희생과 헌신으로 교회가 세워질 것이라 여겼지만 전혀 열매가 나타나지 않았다. 물론 내가 양육한 성도들은 힘을 얻었고, 그들이 세워지면서 그들이 봉사하는 곳에는 열매가 나타났지만 교회 전체적인 변화는 일어나지 않았다. 그래서 너무 답답한 나머지 하나님께 기도했다.

"하나님, 제가 할 수 있는 것은 다 했으나 아무것도 기대할 수 없습니다. 당신의 교회이니 하나님께서 인도하여 주시옵소서!"

그러자 분명한 하나님의 음성이 들렸다.

"얘야, 나의 교회이니 이제 내가 일할 수 있도록 기회를 다오!"

그래서, 평안한 마음으로 교회의 모든 짐을 내려놓고 하나님이 일하심을 기대했다. 그런데 그 기다림이 이런 엄청난 소용돌이가 된 것이다. 아무리 생각해도 이해할 수 없는 상황이었지만 이해가 될 때까지 기다릴 수 있는 여건이 아니었다. 자고 일어나면 터지는 루머들 때문에 나는 심각한 곤란에 빠지게 되었다. 무조건 내가 잘못했다는 기도를 했다.

하지만 기도의 골방에서 하나님은 내게 어떤 잘못도 지적하지 않으셨다. 그렇다고 나의 의로움을 증명하시지도 않았다. 일이 해결될 것이라는 확신도 주지 않으셨다. 단지 매우 강렬하게 말씀하셨다.

"너는 사모다. 내가 너를 불렀다. 그 어떤 부족함이 있어도, 그 어떤 실수가 있어도 네가 이 교회의 사모다. 내가 너를 세운 것이다!"

교회 안에 수없이 떠돌며 오가는 말들이 짐작되었지만 그 말들과 그 사실은 중요한 것이 아니었다. 어떤 여건에도 불구하고 나를 세우신 하나님의 선택은 후회가 없으시다는 것이 중요했다. 모든 허물과 부족함은 예수님이 담당하셨고, 나는 그 예수님만 믿고 바라면 되는 것이었다.

마치 허물 많은 죄인이었던 우리가 값없이 구원받아 하나님의 자녀가 된 것처럼 아무 자격도 능력도 없는 우리가 하나님의 부르심으로 당신의 사역자가 되었다는 것이다. 우리가 그 부르심에 순종함으로 사모가 된 것이고, 거기에 어떤 자격이나 능력이 필요한 것이 아니라는 사실이다.

교회 시험의 소용돌이 속에서 나는 한없이 추락하고 추락했지만 하나님은 내게 이전보다 더욱 큰 힘과 용기를 주셨다. 내가 자격이 있는 것이 아니고, 내가 능력이 있어서가 아니라고 하셨다. 단지 부름 받았기 때문에 사모인 것이고, 부름 받았기 때문에 잘 하든, 못하든 그것이 중요한 것이 아니라는 것이었다.

주를 위해 일한다고 생각한 사람은 주의 축복이 삯으로 여겨진다. 하지만 경건하지 않은 자를 의롭다 하심을 믿는 자에게는 그 믿음을 의로 여기신다고 했다. 자격이 갖추어지고 능력이 있는 사람을 불러 쓰시기도 하지만 허물 많고 부족한 자를 불러서 쓰는 것을 기뻐하시는 하나님이시다. 연약하고 부족해도 부름 받음을 믿고 감사하는 것이 하나님의 의를 이루는 것임을 보여주신다.

대중 매체를 통해서 만나는 훌륭한 목사님들, 위대한 사역을 감당하시는 목회자들을 보면 낙심하지 않을 수 없다. 새벽부터 밤까지 부르짖어도 성도가 늘지 않는데, 새신자를 겨우 일꾼으로 만드는가 싶으면 어디론가 떠나버리는데 어떻게 몇 년 만에 수만 명씩 모여들 수 있을까? 스스로 자격지심에 빠질 수밖에 없을 것이다. 하지만 목회의 성공 여부에 따라 우리의 마음이 무너지는 것은 하나님을 기쁘시게 하는 일이 아니다. 우리의 목회 현장에 열매가 나타나든 나타나지 않든 우리는 사모이다. 하나님이 불러주신 사모인 것이다. 영광스러운 사람들이다.

하나님은 심한 고난을 통해 나를 낮추시고, 무능하게 하셨다. 사모로서의 자질과 능력을 갖추는 것보다 더 중요한 것을 보여주셨다.
즉, 나의 부족함과 연약함에도 불구하고, 아무 능력 없음에도 불구하고 사모로 불러주신 그 부르심에 늘 감격하는 것이다. 우리의 의는 오직 예수 그리스도 그분이시며, 그분의 이름이다. 죄인을 불러서 의인 되게 하신 예수님이 허물 많고 실수 많은 우리를 불러 사모로 삼아 주셨다. 그 자리는 어느 누구도 침범하지 못할 자리이다. 어떤 공격에도 무너지지 않는 자리이다.

우리 자신을 바라보지 않아야 한다. 우리의 무능함이나 연약함도, 또 다른 이들보다 뛰어난 능력과 은사도 보지 않아야 한다. 그 무엇으로도 감당할 수 있는 자리가 아니다. 그 어떤 능력과 권세를 갖춘다 해도 성도들의 모든 기대를 다 감당할 수는 없다. 우리에게 자격이 있다고 해주시는 분은 하나님이시다. 우리는 모든 허물을 담당하신 예수님의 보혈로만 설 수 있는 사람들이다.

오직 예수의 이름만 바라볼 때 목회 현장에서 큰 열매가 없어도, 아무도 알아주지 않아도, 자신의 실수로 교회에 큰 어려움이 온다 해도 당당하게 설 수 있다. 또 교회에 큰 부흥이 일어나지 않아도 늘 최선을 다할 수 있다.

2007년부터 남편과 나는 교회에서 많은 어려운 일들을 만났다. 어렵지 않은 날이 없었지만 고난을 통한 성장과 부흥을 주셨는데 그때부터는 더 많은 수고와 노력에도 불구하고 부흥은 멈추고 오히려 성도가 줄어드는 일까지 겪었다.

그 와중에서 하나님은 부르심에 대한 확신과 사모로서 나의 자격이 중요한 것이 아님을 보여 주셨다. 인간적인 어떤 노력도 하나님의 능하신 손 안에서는 아무것도 아니다.

우리가 아무것도 아닌 것을 알기에 모든 것을 다 하지 않아도 된다. 우리는 우리가 할 일만 할 뿐이고 나머지는 하나님께서 이루어주신다. 하나님은 살아 계시고 모든 것을 알고 계시고 보고 계신다. 진정한 믿음은 아무 열매가 없어도 최선을 다하는 것이고,

자신의 연약함과 부족함 때문에 위축되는 것이 아니라 더욱 주의 이름을 붙들고 담대히 서는 것이다.

> "하나님이 이르시되 그가 나를 사랑한즉 내가 그를 건지리라 그가 내 이름을 안즉 내가 그를 높이리라"(시 91:14).

주의 이름을 안다는 것이 무엇일까? 누구든지 예수의 이름을 믿으면 구원을 얻는 것이다. 의인 될 자격이 없어도 예수님의 이름 때문에 죄인이 의인이 되는 것이다. 우리의 허물과 죄에도 불구하고 당신의 일꾼으로, 사모로 불러주신 하나님의 이름을 붙들 때 하나님은 우리를 높여주실 것이다.

수 년 동안 나는 말할 수 없는 고난의 자리에 있었다. 모든 수고에도 열매가 없었고 비난과 비방의 중심에 서기까지 했다. 하지만 예수님의 이름을 붙들고 있었기에 그 어떤 무능함에도 무너지지 않았다. 나를 부르신 이가 하나님이시기 때문이었다. 평생 사람을 의식하고 사람을 두려워하고 사람의 평가에 민감했던 나의 쓴 뿌리가 제거되는 은혜의 시간들이었다.

예수님의 이름으로 죄사함을 받고 구원을 받았다. 또 예수님의 이름으로 부족한 우리가 직분을 받았다. 우리는 그 이름을 의지하고 사명을 감당해야 한다. 우리의 자질이나 능력으로 하는 것이 아니다. 오직 의롭다 하시는 예수님의 이름으로 서야 한다. 그 어떤 실패와 좌절에도 사모로 불러주신 예수님을 붙들 때 주께서 높여주시는 것을 보게 될 것이다.

　계속되는 실패 속에서 좌절하고 있는 사모님들이 있다면 예수님의 이름으로 다시 당당하게 서시길 간절히 기도한다.

즐거우냐?

'다모' 라는 드라마의 명대사 가운데 하나는 "아프냐? 나도 아프다! 날 아프게 하지 마라" 이다.

예수님이 우리 사모에게 하시고 싶은 한 마디는 "즐거우냐? 나도 즐겁다. 아프냐? 나도 아프다" 라는 말이 아닐까?

다모의 주인공은 여주인공이 아프지 않기를 원했다. 분명히 우리 예수님도 사모들이 즐겁고 행복하기를 원하실 것이다. 그러므로 우리 사모의 삶이 즐거울 수 있는 자원을 심어 놓으셨을 것이다. 우리를 즐겁게 하는 것들은 무엇일까?

성도들과 함께 하는 멋진 식사? 상품권? 초대권? 해외여행? 자녀들의 우수한 성적표? 날마다 성장하는 교회?

 아쉽지만 이런 것들은 흔한 것이 아니다. 그러므로 분명히 예수님이 우리를 행복하게 해주시기 위해 심어놓은 자원은 이런 것이 아닐 것이다.

 세상 사람들 모두가 좋아하는 것으로 우리가 즐겁다면 목사나 사모는 너무 가난한 지도자들이다. 세상의 것들은 우리보다 성도들이 더 많이 가지고 있기 때문이다. 무엇인가 세상에 없는 것 중에서 인생을 가장 즐겁고 행복하게 할 수 있는 것이 목회자에게 있어야 한다. 그리고 목회자가 발견한 가장 좋은 것을 성도들에게 나누어 주어야 한다. 그래야 성도들이 교회에 나오지 않겠는가? 오늘 교회들이 힘을 잃어가고 목회자들의 권위가 땅에 떨어지는 것은 목회자들이 성도를 섬기는 분량보다 성도가 목회자를 섬기는 분량이 많기 때문이 아닐까?

 지도력은 더 많이 주고 더 많이 섬길 때 발휘되는 것이다. 목사가 성도에게 무엇을 더 많이 줄 것인가? 목사에게 돈이 있어야 하는가? 성도들을 섬길 선물이 있어야 하는가? 이런 것들은 성도들이 더 많이 가지고 있다. 목사와 사모는 하늘의 자원을 캐내어 성도에게 나누어 주어야 한다. 하늘의 아버지께서 주시는 축복과 감사들을 누릴 수 있어야 한다. 그리고 하늘의 아버지가 주시는 것에서 참된 즐거움을 발견해야 한다.

 나겸일 목사님이 강의하시는 것을 들은 적이 있다. 목사님은 모든 사역을 내려놓고 시골의 오두막 같은 데서 기도하는 시간을 가지고 싶다고 하셨다. 그 시간이 목사님에게는 가장 행복한 시간이라는 것이다. 이처럼 사모가 기도하는 시간이 가장 즐겁고 찬양하는 시간이 가장 행복해야 한다. 사모니까 어쩔 수 없이 하는 신앙생활은 본인에게나 성도에게나 불행한 일이다. 신앙생활이 즐겁지 않다면 아직 제대로 된 믿음의 단계에 이르지 못했다는 것이다. 그리고 하나님의 능력을 받지 못했다는 것이다.

기도하는 시간은 이 세상의 주관자이시고 가장 크신 분이신 위대한 하나님을 만나는 시간이다. 얼마나 영광스럽고 감격스러운 시간인가? 기도 시간이 즐겁지 않다면 하나님을 제대로 만나지 못했다는 것이다. 찬양하는 것이 즐거운 것은 그 위대하신 하나님을 알기 때문이며 그분을 진심으로 사랑하기 때문이다. 하나님의 위대하심을 영혼 깊숙이 알게 되면 저절로 찬양이 터져 나오지 않겠는가?

진심으로 구원을 받았다는 확신이 있고, 하나님으로부터 받은 은혜가 있는 이들은 그 복음의 비밀을 전하지 않고는 견딜 수 없다. 복음을 전할 때 진정으로 살아 있다고 여겨질 정도이다. 또 인간적으로 가난한 사람이 보이지 않고 영적으로 가난한 사람을 볼 수 있는 눈이 생긴다. 그들을 진심으로 불쌍히 여기게 되는 것이다. 전도하고 있지 않으면 좀이 쑤시고 전도를 하면 즐겁다.

사모는 기도와 찬양과 전도를 즐기며 행복해 해야 한다. 그리고 그 즐거움의 자리에 성도를 초대해야 한다. 기도하고 찬양하며 전도하며 성도들과 함께 즐거워야 한다.

하나님의 길을 함께 가는 성도들을 만나면 함께 기도하고 찬양하고 말씀을 나누는 시간이 매우 즐겁다. 헤어지기가 너무 아쉽기만 하다. 성도 안에서의 교제의 비밀이다. 성령으로 하나 된 성도들은 만나기만 하면 즐겁고 행복하다. 참으로 된장찌개 한 그릇만으로도 행복할 수 있다. 아무리 누추한 곳이라도 성도와 만나는 곳이 천국이다.

이 세상의 것이 부족해도 하늘의 자원이 우리 안에 풍부하면 할수록 우리 안에 말할 수 없는 기쁨의 샘이 흘러넘치게 마련이다. 이 영생의 자원을 사모가 먼저 누려야 한다. 그럴 때 성도들도 교회에 오는 것이 즐겁다. 세상의 것이 부럽지 않게 된다. 아이러니하게도 세상의 것이 그다지 부럽지 않고 예수 안에 있는 것이 즐겁고 행복할 때 세상의 것은 저절로 따라온다. 그저 즐겁게 살았을 뿐인데 교회가 부흥이 된다.

"즐거우냐? 더욱 즐거운 일이 많아질 것이다. 행복하냐? 더욱 행복해질 것이니라!"

이 세상 그 무엇도 주 안에서의 기쁨과 비교할 수 없다. 이 세상의 그 어떤 풍성함도 주 안에서의 풍성함을 따라갈 수 없다. 기도와 말씀과 전도의 기쁨을 누리지 못한다면 겸손히 처음으로 돌아가서 시작해야 한다. 날마다 찬양하고 기도만 하며 살고 싶어야 한다. 그럴 정도로 하나님과의 사이가 좋아져야 하며 경건의 능력을 받아야 한다.

"주께서 내 마음에 두신 기쁨은 그들의 곡식과 새 포도주가 풍성할 때보다 더하니이다"(시 4:7).

이 땅의 사모들이 반드시 회복해야 할 것은 주 안에서의 기쁨이며, 주의 일을 하는 가운데서 오는 기쁨이다.
"즐거우냐? 나도 즐겁다!"

명품이 되라!

　신정아란 정치 스캔들의 주인공이 얼마 전에 책을 냈다. 그런데 책이 일으킨 파장 못지 않게 그녀의 명품 가방이 주목을 끌었다. 한국은 물론이고 아시아에서 구하기 힘든 명품이기 때문이었다. 그녀가 수감되기 전에도 그녀가 걸쳤던 명품 브랜드들은 매출이 급증했다고 한다. 로비스트 린다 김의 스캔들로 전국이 떠들썩했을 때도 그녀의 선글라스는 없어서 팔지 못할 정도였다.

　말도 많고 탈도 많은 명품들의 열풍은 세계적으로 거세어져 가기만 하고 있다. 그래서 명품일지도 모른다. 그만큼 명품이란 명품 값을 한다고 볼 수 있다. 명품은 우아하고 고상하다. 그리고 명품을 몸에 걸친 사람들은 왠지 자신감이 생기고 당당해진다. 그래서 일반인들이 상상할 수 없는 값을 치르고서라도 명품을 구입하게 되는 것 같다.

이 세상에서 사람만큼 존귀하고 탁월한 명품이 어디 있단 말인가? 사람이 가장 위대한 걸작품이고 성도들은 더욱 위대한 작품이다. 그러니 사모는 명품 중의 명품인 것이다. 우리가 아무리 질그릇이라 할지라도 그 속에 예수 그리스도라는 보물 중의 최고의 보물을 담고 있으니 가장 고귀한 그릇이 된 것이다. 그러니 명품을 걸친 것보다 더 우아하고 고상하게, 그리고 당당하고 자신감 있게 살아야 할 것이다.

명품으로 치장하여 당당하고 자신감 있게 사람들을 만나는 것보다 더 멋진 것은 사람 자체가 우아하고 고상하고 당당하고 자신감 있는 사람이 되는 것이다. 사람이 명품이 되면 그 사람이 걸친 모든 것이 멋있어 보이기 때문이다.

그러면 어떻게 할 때 우리가 멋진 명품이 될 수 있을까? 이 세상에서 가장 위대한 보물인 예수님을 제대로 모시고, 그분이 하신 대로 행하는 것이며, 그분을 닮는 것이라 할 수 있을 것 같다. 예수님은 어느 누구를 만나도 당당하셨다. 사모도 누구를 만나든지 당당해야 한다.

어떻게 하면 당당해질까? 누구를 만나든 상대방을 섬길 준비가 되어 있을 때 당당할 수 있다. 반대로 상대방에게 무엇인가 얻고자 하든지 부탁을 해야 할 경우는 당당할 수 없다. 아무리 많이 가진 사람이라 해도 상대방을 섬기려 하지 않고 오히려 더 많이 가지려 한다면 당당해지기 어려울 것이다. 그러나 아무리 가진 것이 없어도 누군가를 돕고자 할 때 당당해진다. 누구를 만나더라도 늘 상대방을 도우려는 마음을 가진 사람은 당당하게 된다.

사모는 이미 하늘의 무궁무진한 자원을 소유한 사람들이다. 누구를 만나더라도 줄 것이 있기 마련이다. 주 여호와의 영이 우리에게 내리사 우리에게 기름을 부으시고 마음이 상한 자를 고치게 하시고, 포로 된 자에게 자유를, 갇힌 자에게 놓임을 선포하게 하셨다.

사모는 영혼이 병든 사람을 볼 수 있어야 하고, 그 상하고 병든 마음을 치료해 줄 수 있어야 한다. 머리부터 발끝까지 명품으로 치장했다 해도 하나님이 없는 이들의 영혼이 포로 되어 있는 부분을 볼 수 있는 영안이 있어야 한다. 그리고 이들을 기꺼이 섬길 준비가 되어 있어야 한다.

평범한 일반인들이 보기에 더 많이 가지고 더 많은 것을 누리는 이들일수록 영혼은 더 가난한 경우를 많이 본다. 사모는 영혼이 가난한 이들을 긍휼히 여길 수 있는 눈이 있어야 한다. 그리고 그들을 위해 기꺼이 자신을 내어줄 수 있어야 한다. 진정한 당당함은 여기서 비롯된다.

그렇다면 자신감은 어디서 생기는 것일까? 영혼이 가난한 이들에게 나누어 줄 것이 풍부할 때 비로소 생겨난다. 가난한 이들을 풍부하게 할 만한 하늘의 자원이 넉넉한 사모는 누구를 만나도 두렵지 않다. 그러니 자신감이 생기지 않을 수 없다. 만약 사모의 영혼이 병들고 가난하면 성도들이나 연약한 이들을 만나는 것이 두렵기 마련이다. 그러다 보면 늘 주눅이 들게 된다.

다른 이들을 섬기는 데서 오는 당당함과 나누어 줄 하늘의 자원이 풍부한 데서 오는 자신감이 진정한 명품을 만들어 낸다.

명품이 주는 우아함과 고상함, 그리고 그 명품을 걸침으로 해서 오는 자신감과 당당함, 그리고 주변 사람들의 부러운 시선으로 인해 대부분의 사람들은 아무리 많은 돈을 주고서라도 명품을 구입하게 된다.

처음 명품이 등장했을 때 많은 이들이 명품 시장이 이렇게 커지리라고 생각하지 않았다고 한다. 서서히 줄어들 것이라 예상했었지만 예상 밖에 명품 시장은 세계적으로 더욱 커지고 있다. 명품에 지불하는 돈이 아깝지 않을 만큼 그 값을 하기 때문일 것이다.

하나님께서 우리에게 일러주신 성도의 삶은 이 세상 그 무엇보다도 우아하고 고상하고 아름다운 것이다. 그러니 그 진정한 명품의 삶을 사기 위해서는 많은 것을 지불해야 한다. 많은 돈 정도로 살 수 있는 것이 아니라 생명과 인생을 지불해야 한다.

예수님은 이 땅에서 가장 성공하신 분이다. 그리고 이 세상에서 가장 멋진 분이셨다. 가장 명품 인생을 사신 분이다. 그러니 예수님처럼 살면 그 사람 자신이 명품이 되는 것이다. 예수님은 어느 누구 앞에서도 당당하셨다. 모든 사람을 섬기기 위해 오셨기 때문이었다. 예수님은 이 세상 누구보다 자신감이 있으셨다. 예수님 앞에 오는 모든 이들의 문제점을 다 해결해 주셨기 때문이다. 심지어 죽음의 문제마저도 해결하시지 않았는가?

예수님처럼 성도들을 위해 생명까지도 내어 줄 각오가 된 사모라면 얼마나 당당할 수 있겠는가? 사모에게 나아오는 성도들의 문제를 예수님처럼 해결할 수 있다면 얼마나 자신감이 있겠는가? 누군가에게 나누어 줄 것이 있는 삶이 가장 멋지고 성공한 인생이다. 특별히 목회자는 영혼이 가난한 이들에게 나누어 줄 것이 있어야 한다.

이 세상에는 물질적으로 가난한 사람보다 영적으로 가난한 사람이 훨씬 많다. 영적인 가난이 떠나가면 물질적인 가난은 떠나가게 되어 있다. 영적으로 가난한 이들은 아무리 가져도 허전하다. 그래서 가진 것이 족함에도 불구하고 더 많이 가지려 한다. 그런 욕심 때문에 세상에 가난이 오는 것이다.

예수님처럼 생명을 지불하면서 섬기고, 영혼의 필요를 채워줄 수 있는 인생은 진정한 명품이다. 참으로 우아하고 고상하기 그지없는 삶이다. 그러므로 사모는 예수님과 같은 삶이 모델이 되어야 한다.

오늘날 사모들은 예수님이 가셨던 길을 따라가야 한다. 예수님이 우리에게 공급해 주시는 능력과 축복을 받아야 한다. 그리고 그 받은 것을 아낌없이 나누어 주어야 한다. 영의 양식도 나누어

주고 육의 양식도 나누어 줄 수 있어야 한다. 육의 양식이나 영의 양식이나 나누어 주는 삶을 산다는 것은 쉬운 일이 아니다. 그러니 명품 인생인 것이다. 명품이 어디 흔한 것인가? 명품의 탄생은 결코 쉬운 일이 아니다.

모든 성도가 명품이 되기는 어렵다 하더라도 사모는 반드시 명품이 되어야 한다. 가장 멋진 작품이 되어야 한다. 예수님이 가신 길을 가다보면 가장 멋진 여성이 되어 있을 것이다. 그리고 많은 사람들이 흠모하는 명품이 되어 있을 것이다. 예수님의 흔적이 가득하여 시대를 이끌어가고 유행을 선도해가는 진정한 명품의 대열에 모든 사모님들이 합류하기를 간절히 소망한다.

넷째 마당
하나님의 사람 되기

구원, 다할 수 없는 감격
사랑, 대가를 지불하라
회개, 은혜 중의 은혜
믿음, 살아 계신 하나님
소망, 참된 기쁨
기쁨, 오직 주께 있는 보화
감사, 참 믿음의 증거
겸손, 능력의 통로
순종, 축복의 통로
상처, 내 안의 보화
탈진, 충성의 증거

구원,
다할 수 없는 감격

우리 주 하나님을 향한 나의 감사와 영혼들과 하나님 나라를 향한 나의 열정은 구원의 감격에 뿌리를 두고 있다. 지옥에 갈 영혼, 영 죽었던 나를 값없이 살려 주신 그 은혜는 내 인생을 송두리째 바꾸고도 남음이 있었다.

나는 어린 시절부터 죽음에 대한 두려움과 죽음 이후의 삶에 대한 고민으로 매사에 의욕이 없었다. 죽음에 대한 공포는 그 어떤 것에도 흥미를 느끼지 못하는 염세적인 인생을 살게 했다. 그러니 예수님이 나를 대신하여 죽으심으로 영원한 생명을 얻게 되었다는 사실은 내게 복음 중의 복음이 아닐 수 없었다. 그 복음의 비밀을 알고 나니 그 사실을 모르는 사람들이 너무 안타까웠다. 그래서 내 인생을 다 바쳐 생명 되신 예수 그리스도를 전하는 일을 하게 되었다.

복음을 전하는 일은 힘들기도 했지만 참 보람 있는 일이다. 죽었던 자들이 살아나는 것을 지켜보는 것은 얼마나 감격스러운 일인가? 그런데 의외로 교회 안에서는 구원 받았다는 것으로 감격하는 이들이 그다지 많지 않은 것 같았다. 특히 모태신앙인 성도들은 구원을 받는 것은 기본적인 은혜이고, 그 위에 또 다른 축복을 주셔야 감사한 마음을 가지는 것을 보았다.

교회를 다니면서 구원 받았다는 사실 자체를 감사하는 경우가 흔하지 않은 것은 참으로 안타깝다. 사실, 구원이 가장 중요한 일이 아닌가? 가장 큰 선물이 아닌가? 그런데 왜 우리는 구원 받은 그 은혜에 대해 그다지 감사하지 않을까?

그 이유는 구원 받은 사람들이 아주 많기 때문이다. 우리 주변에 구원 받은 그리스도인들로 넘쳐나고 있기 때문이다. 그렇기 때문에 구원은 그다지 새로운 은혜가 아니다. 어릴 때부터 예수님을 믿고 교회를 중심으로 생활했는데 인생이 꼬이고 제대로 풀리지 않을 때는 구원에 대한 감사가 저 멀리 사라져 버린다. 같이 믿음 생활을 했는데 어떤 성도는 좋은 배우자 만나고 물질적으로 아무 어려움 없이 사는 데다가 자녀들까지 잘 자라 주면, 우리 안에 있던 작은 감사마저 사라져 버릴 것이다.

예수님을 잘 믿다가 하나님의 크신 도움으로 인생이 크게 역전된 사람들이 부럽고, 그런 놀라운 일이 우리에게 이루어질 때에나 감사한다. 교회 안에 구원 자체의 감격으로 감사하고 만족하는 성도가 많이 없다는 것은 얼마나 가슴 아픈 일인가?

우리 주변에 이러저러한 여러 모양의 그리스도인들이 수없이 많기 때문에 구원의 감사를 놓치게 된다는 것은 참 아이러니컬한 일이다.

그러나 우리의 눈을 세계로 돌려보자. 이 세상에서 한국만큼 교회가 많은 곳이 있는가? 한국만큼 신실하고 열정적인 그리스도인이 많은 나라가 있는가? 내 가까운 주변에 축복을 가득 받은 그리스도인이 많다고 이 지구 전체에 그렇게 구원 받고 축복 받은 그리스도인이 많은 것은 결코 아닐 것이다. 지금 이 순간에도 오직 신앙을 지키기 위해 가족은 물론이고 자신이 가진 모든 것과 생명까지 위협을 받고 있는 그리스도인이 얼마나 많은가? 그들에 비한다면 우리는 넘치는 축복을 받은 것이다.

구원에 대한 감사와 감격은 그리스도인이 가져야 할 기본적인 영성이다. 그럼에도 불구하고 감사와 감격이 사라지는 것은 나보다 잘 되고 행복해 보이는 그리스도인들을 보기 때문이다. 그들이 부러운 것은 사실이지만 잘된 그리스도인들을 보고 비교하기보다는 너무도 열악한 환경 가운데 목숨의 위협을 받아가며 믿음을 지켜가는 성도들이 얼마나 많은지 주목해야 할 것이다.

특히 구원을 전하는 목회자 가정이 구원의 감사와 감격이 사라진다면 무엇으로 성도들을 유익하게 할 것인가? 만약 주변에 많은 것을 누리며 목회하는 동역자들을 보며 행여 낙심이 되기라도 한다면 그 마음을 돌이켜야만 한다. 오히려 더 열악한 환경 속에 있는 이 땅의 수많은 영혼들을 위해 중보기도 하며 마음껏 복음을 전할 수 있는 이 땅에 사는 것에 감사하자.

그저 구원 받은 것이 감사하고 감사해서 사모가 되었다. 하지만 현실의 벽은 만만하지 않았다. 자다가 쥐가 떨어지고 언제 무너질지 모르는 사택에 살 때나, 너무 덥고 너무 춥고 좁은 집에서 살 때, 경제적인 열악함으로 고통을 당하기도 했다. 부모 형제에게 버림 받았을 때도 마음이 아팠지만 더 힘든 것은 성도들의 태도였다. 담임목사는 무시하면서 돈이 있고 세상적으로 힘이 있는 사람에게 굽실대는 일부 성도들을 대할 때는 참으로 내 안에 있는 모든 기쁨이 사라지는 것 같았다. 그럴 때마다 구원 받기 전의 기가 막혔던 내 인생을 기억했고, 이 세계 속에서 위협과 핍박 가운데서 믿음을 지켜가는 많은 성도들을 바라보았다.

이 지구 전체의 사람들을 두고 보면 지금 우리는 아주 많은 축복을 누리고 있다. 그렇게 구원 자체만으로 감사하고 감사하며 살아가다 보니 하나님은 점점 더 많은 것을 내게 채워주셨다. 그리고 오늘은 이 땅에서도 많은 것을 누리는 은혜를 주신다. 수많은 질고와 고통들을 감사로 극복할 수 있었던 것은 힘들 때마다 천국을 허락하신 구원의 은혜를 다시 새기고 다시 새겼기 때문이다.

구원의 은혜, 아무리 생각해도 감격스럽고 감격스러운 일이 아닌가!

사랑,
대가를 지불하라

　그리스도인으로서 우리 안에 사랑이 있어야 하는 것은 두말할 것도 없다. 사랑이 없다면 하나님이 그 속에 있는지 의심해야 한다. 왜냐하면 하나님이 사랑이시기 때문이다. 하나님이 우리 속에 있다면 자연히 사랑이 흘러나오게 될 것이다. 그러나 안타깝게도 오늘날 많은 사람들이 교회를 찾다가 떠나는 이유를 사랑이 없다는 것에 둔다.

　그리스도인으로서 사랑하며 살고 싶지 않은 사람이 어디 있을까? 모든 그리스도인들은 사랑이 많은 사람이 되고 싶을 것이다. 하지만 사랑한다는 것은 결코 쉬운 일이 아니다. 이 세상에서 가장 힘든 일은 사람을 변화시키는 것이다. 그런데 수많은 이적과 기사가 사람을 변화시키지 못한다. 진정한 사랑만이 사람을 변화시킨다. 사랑의 은사가 가장 큰 은사라는 것도 이 때문이다.

우리 안에 사랑이 넘치기 위해서는 먼저 하나님을 진심으로 사랑해야 한다. 하나님을 진심으로 사랑할 때 이웃을 향한 사랑이 자연스럽게 흘러나온다. 그러면 어떻게 해야 하나님을 진심으로 사랑하게 될까?

사람에 대한 사랑은 감정의 동요에서 시작되고 결단과 의지에 의해 참된 열매를 맺는다. 그러나 하나님과의 사랑은 감정의 동요가 먼저 일어나는 것이 쉽지 않다. 하나님은 눈에 보이지 않기 때문이다. 그래서 성령이 감동하게 하시는 은혜가 필요한 것 같다. 성령님이 우리의 마음을 감동하게 하시면 하나님을 사랑하는 것이 자연스럽고 쉽게 된다. 그래서 감동하게 하심이 큰 은혜이다.

그러나 때때로 자주 하나님은 우리의 마음에 부으시던 성령의 감동을 멈추시고 메마르고 황량한 광야를 거닐게 하신다. 그럴 때는 그 어떤 노력을 기울여도 하나님을 향한 사랑의 감정이 잘 일어나지 않는다. 우리 자신에 대해 회의가 느껴질 만큼 가식적이고 외식적인 신앙생활을 할 수밖에 없다. 이 때 필요한 것은 우리의 결단과 의지이다. 강한 의지력이 없으면 이 과정에서 신앙의 자리를 이탈하게 된다. 이 메마른 사막을 지나고 나서야 비로소 하나님을 향한 진정한 사랑이 열매를 맺게 된다.

사랑하는 마음은 굉장히 주관적이다. 그래서 무엇인가를 사랑하는 데는 주관적인 경험이 앞서게 된다. 사람은 자기가 많이 투자한 것을 사랑하게 된다. 똑같은 물건을 한 사람은 정가를 주고, 다른 한 사람은 세일 가격으로 샀다고 하자. 그 물건을 누가 더 소중히 여길까? 정가를 주고 산 사람일 것이다. 부모와 자식 사이에도 부모의 사랑이 더 큰 것은 부모가 자식에게 더 많은 것을 주었기 때문일 것이다.

요사이도 동아리 입단 과정에서 죽는 대학생이 끊임없이 나오고 있다. 선배들의 구타와 강압적인 행위들로 인해서 입단 과정을 통과하는 것이 너무 고통스럽다. 그런데 놀랍게도 구타와 강압적인 행동과 같은 어려운 과정을 거쳐서 입단한 멤버들이 동아리에 대한 자부심과 애착이 더 크다고 한다. 그리고 탈퇴를 잘 하지 않는다고 한다. 반면에 아주 좋은 동아리라 할지라도 입단 과정이 간단하고 어려움이 없으면 쉽게 탈퇴해 버린다고 한다.

그러므로 하나님을 영접하는 과정에서 핍박을 많이 받은 성도들이 하나님을 향한 사랑이 더 클 수밖에 없다. 하나님을 사랑하는 데는 감정에서 비롯된 열정과 사랑의 표현 외에도 우리의 의지로 인한 헌신이 반드시 필요하다. 하나님을 섬기는 과정에서 오는 어려움과 고난들은 하나님을 향한 우리의 사랑을 증명할 수 있는 시금석이 된다.

고난과 어려움에만 초점을 맞추어 하나님과 환경을 원망한다면 그 자리에 머무를 수밖에 없을 것이다. 그러나 만약 생명의 위협까지 느껴질 고난의 순간에도 하나님을 향한 믿음과 사랑을 포기하지 않고 나아간다면 그 시간이 하나님을 향한 우리의 사랑을 증명해 보일 수 있는 기회가 되며, 우리 안에 주를 향한 참된 사랑이 자리하게 될 것이다.

우리가 하나님을 위해 더 많이 투자할 때, 더 많이 드릴 때, 하나님을 향한 우리의 사랑은 더욱더 커져간다.

하나님께서 우리 사람에게 가장 원하시는 것은 하나님을 향한 진실한 사랑이다. 하나님이 우리를 연단하시는 과정이든, 사탄이 우리를 시험하든 우리는 힘들고 어려운 광야를 지나게 된다. 그때, 무엇보다 우리가 할 일은 하나님을 사랑하는 마음을 놓지 않는 것이다. 오히려 주를 위해 받는 고난을 감사하고 더 기뻐할 때 이 세상이 감당하지 못하는 참 믿음의 사람으로, 신앙의 거장으로 성숙하게 될 것이다.

나 자신도 그랬지만 많은 성도들이 감당할 수 없는 극심한 고난의 시기를 한 번 이상씩은 지나는 것 같다. 자신만이 아는, 또 자신만이 감당해야 하는 아픔의 십자가가 있기 마련이다. 그 순간, 주를 따라가면서 당하는 감당할 수 없는 절망과 고난의 순간에 하나님을 원망하지 않고 하나님을 사랑하는 마음을 증명해 보일 수 있다. 극심한 어려움 가운데 오히려 하나님을 사랑하려는 강력한 의지를 가져야 한다.

내 인생이 가장 절망적이고 힘들었을 때 하나님을 사랑하는 마음을 더 굳게 했던 것은 내 평생의 가장 큰 자랑이요 재산이다. 그리고 끝이 없을 것 같았던 고난도 시간이 가면 하나님께서 지나가게 해 주신다. 하나님을 향한 우리의 사랑을 증명해 보일 때 하나님은 더 빨리 일하실 수 있을 것이다.

극한 상황 속에서의 감사가 사랑의 열매라면 그 열매에 거름이 되는 것은 우리의 욕망을 포기하는 것이다.

그러므로 하나님을 영접하는 과정에서 핍박을 많이 받고 많은 것을 포기한 성도들이 하나님을 더 사랑할 수밖에 없다.

사랑은 자신이 가장 귀하게 여기는 것을 내려놓을 수 있는 결단이며, 강한 의지이다.

하나님만을 진심으로 사랑하게 된 데에 십 년 가까운 시간이 걸린 것 같다. 그만큼 진정한 사랑은 많은 노력과 헌신이 필요하다. 하나님을 향한 사랑이 진실해지자 하나님께서는 사람들을 사랑하라고 도전하셨다. 하나님을 더욱 사랑하려고 애를 쓸 때 하나님의 대사가 되어 사람들을 사랑하기 원하셨다.

우리가 사람을 사랑할 때, 그냥 사랑하면 반드시 상처를 받게 된다. 사람은 우리가 사랑하는 만큼 사랑을 주지 않기 때문이다. 양을 헌신적으로 사랑해야 하는 목사나 사모들이 하나님을 사랑하는 것으로 무장되지 않고 자신의 감정과 의지로 사람을 사랑하면 반드시 무너진다. 인간은 사랑을 받은 만큼 돌려주지 않기 때문이다. 사랑을 받는 것을 당연히 여기기도 하고 교만해지기도 한다. 목회자나 사모가 자신을 낮추고 사랑할 때 오히려 더 무시하는 이들도 있다. 그러므로 성도를 사랑하는 근거가 반드시 하나님을 사랑하는 것이 되어야 한다. 하나님의 진실한 사랑을 받고 또 하나님을 생명 다해 사랑하는 사람만이 성도나 이웃을 진심으로 끝까지 사랑할 수 있다.

남편이 월급을 다 갖다 줘도 아내에게 불평이 있고, 아내가 모든 것을 다 희생하며 남편을 섬겨도 남편에게 불만이 있는 것은 서로에 대한 기대가 크기 때문이다. 가족이기 때문에 당연히 더 받아야 한다는 기대는 서로에게 상처와 갈등을 주게 된다. 가족 역시 우리가 사랑하고 섬겨야 할 하나님의 사람들로 보아야 한다. 내가 먼저 섬기고자 하고, 내가 좀더 주고자 하면 모든 갈등이 사라진다.

이미 하나님께 받은 사랑을 묵상하며 잊지 않으면 사람을 사랑하는 것이 더 쉬울 수 있다. 그래도 사랑하는 것이 힘들다면 자신의 연약함을 하나님 앞에 내려놓고 사랑의 은사 주시기를 간절히 기도해야 한다. 사모에게 가장 필요한 은사가 사랑의 은사가 아닐까? 사랑하는 것이 하나님의 뜻임이 분명하기에 우리가 하나님께 기도하면 반드시 이 은사를 주실 것이다.

하나님이 사랑이시기 때문에 그분의 피조물인 우리 인간은 사랑이 없이는 살 수 없는 것 같다. 사랑하고, 사랑을 받으며 사는 것이 인간의 가장 큰 행복이다. 그리스도 안에서의 가장 큰 풍성이며 가장 큰 부요함이다. 세상에는 많은 것을 가졌음에도 불구하고 사랑하지 못하는 사람들이 있다. 이들은 세상에서 가장 불쌍하고 실상은 가장 가난한 사람들이다. 채소만 먹을 만큼 가난해도 서로 사랑하는 사람들이 진정한 행복을 아는 이들이다.

사랑은 하나님이 우리에게 주시는 은사이며, 능력이다. 사랑은 모든 갈등을 이겨내며 진정한 용기를 알게 한다. 사랑하는 사람은 그 속에 두려움이 없다. 그러나 사랑이 없는 사람은 아무리 많은 것을 가졌다 해도 실상 그 안에 두려움이 있기 마련이다.

하나님을 진심으로 사랑하라. 사랑은 의지이며 결단이다. 또한 행동이 따르는 헌신이 요구된다. 하나님을 사랑하기 위해서 우리는 많은 것을 투자해야 한다. 심지어 생명까지도 투자해야 한다. 그리고 그 투자는 가장 고귀하고 가장 확실한 투자이다. 모두에게 진심으로 특히 사모님들에게 권하고 싶은 투자처이다.

하나님을 진심으로 사랑하라! 사람들을 사랑하기 원하시는 하나님의 간절한 음성을 들을 것이다. 사람들을 진심으로 사랑하라! 세상에서 가장 행복한 사람이 될 것이며, 가장 값지고 의미 있는 인생을 맛볼 것이다.

회개,
은혜 중의 은혜

고3이 될 무렵, 개척교회를 하는 친구의 부모님을 돕기 위해 9시 학생 예배를 마치면 그 교회로 향했다. 그리고 주일학교 봉사를 비롯해 여러 가지 봉사를 하며 주일 하루를 온전히 보냈다. 그런데 그 교회는 오후 예배 때 은사 집회를 하였다. 당시 방언이 있는 줄도 몰랐던 나는 큰 충격을 받았다. 방언을 받지 않으면 안 되는 줄 알았다. 그래서 방언을 받기 위해 열심히 기도했다. 아무리 해도 방언이 안 되니 회개를 철저히 해야 한다고 했다.

그래서 억지로라도 회개하기 위해 기억을 쥐어짜면서 죄를 생각해 내려고 애를 썼다. 그런데 웬일인가? 나와 함께 갔던 대여섯 명의 친구들은 여전도사님이 안수기도를 하니 얼마 지나지 않아 방언을 하는 것이었다. 함께 갔던 모든 친구들보다 성경을 많이 읽고 기도도 많이 했던 나는 이 뜻밖의 상황에 많이 당황할 수밖에 없었다. 갑자기 친구들보다 내가 부족한가 보다 하는 생각이 들었고, 내 친구들은 내가 알지 못하는 훌륭한 부분이 있는가 보다 하는 생각을 하였다. 완전히 기가 죽었다.

그래서 방언을 받기 위해 피나는 노력을 했다. 모든 예배를 마친 후 친구들이 쉬며 얘기를 나누는 동안에도 나는 기도했다. 오직 방언을 받기 위한 기도였다. 아무튼 계속 회개하고 회개했다. 그렇게 억지로라도 계속 회개하다 보니 깊은 죄가 떠오르고 내 안에 있는 모든 죄를 회개하는 그 정점의 순간에 방언이 터졌다. 드디어 방언의 은사를 받은 것이다.

그런데 그냥 안수를 받고 방언을 받은 친구들은 신앙에 큰 진보가 없는 것을 보았다. 얼마 후에는 방언을 하는 친구들이나 하지 않는 친구들이나 별 차이가 나지 않았다. 하지만 철저한 회개를 통하여 몸부림치며 방언을 받은 나는 그 이후 매일 밤마다 기도의 깊은 자리로 들어갔다. 매일 평균 2시간씩 기도했고, 이후 나의 모든 영성의 기초를 이루게 되었다.

방언 기도가 터지기 직전까지는 이전에 지었던 죄가 보였다면 방언 기도를 하고 난 후에는 내 안에 있는 죄성이 보이기 시작하였다. 내 안에 있는 죄가 얼마나 많은지 이루 말할 수 없었다. 특히 말씀 앞에서 내 허물과 연약함은 철저히 드러났다. 하나님만 바라보고 했던 봉사라 할지라도 순수하지 못한 마음이 조금이라도 있으면 회개했다. 혹시 나의 영광을 구한다든지 내 유익을 구하는 행동을 하지 않았는지 내 속에 있는 죄성의 찌꺼기를 제거하는 데 수년의 시간이 걸렸다.

말씀에 비추어 내 안의 부족함을 보는 것도 있었지만 젊은 시절 주변 사람들의 충고도 많은 도움을 주었다. 어떨 때는 많이 속상했지만 기도하면서 돌아보면 나의 부족함이 보였다. 부족함을 하나님 앞에 내려놓고 기도할 때 조금씩 성숙해 가는 내가 보였다.

나는 정직한 편이고 남을 속이는 일을 못했다. 예수님을 믿지 않았더라도 죄를 짓고는 못 사는 성격이었다. 그런데 성경에 계속적으로 거짓말을 하지 말라는 말씀이 내게 부딪혔다. 내가 그렇게 매일 거짓말을 하고 사는 줄 정말 몰랐다. 남을 속이는 것이 아니라도 나를 드러내어야 하는 순간에 정직하지 못한 나를 발견한 것이다. 배가 고프지 않느냐고 물으면 나는 배가 고파도 괜찮다고 말을 했다. 학생들이 흔히 하는 거짓말은 공부를 열심히 해놓고도 공부하지 않았다고 하는 것이다. 그런 거짓말을 나 자신도 하고 있었다.

아무도 보지 않을 때 행했던 일에 대해서 사람들이 물으면 다른 말을 할 수 없었다. 내 심령이 너무 힘들었기 때문이다. 거짓말을 하지 않으면 손해를 볼 것 같은 상황들이 얼마나 많았는지 이루 말할 수 없었다. 그러나 거짓말을 하고 나면 그 이후가 너무 고통스러웠다. 거짓말을 아예 할 수 없다고 생각하니 점점 죄에서 멀어져 갔다. 모든 사람에게 정직하게 대하다 보니 정말 자유를 누렸다. 진리가 너희를 자유롭게 한다는 말씀이 참으로 진리 중의 진리라는 것을 절실히 느꼈다.

그리고 상담 공부를 하면서 내 자신이 얼마나 자신을 드러내지 못하는 성품인지 알게 되었다. 그런 성품은 반드시 나중에 정신적인 질환을 앓게 된다는 것도 알았다. 내게 끝없이 철저한 정직을 요구하셨던 성령님의 배려가 얼마나 큰 은혜였는지 나중에 알게 되었다. 우리는 타인에게 정직한 것은 물론이요 자기 자신에게도 정직해야만 한다.

결혼 후, 세 아이를 낳아 기르면서 기도 시간이 점점 없어지고 내 심령의 은혜는 바닥이 나 있었다. 이전의 은혜를 회복하기 위해 나는 몸부림치고 몸부림쳤다. 어떻게 하면 은혜를 회복할까? 고민하던 중 다시 회개를 해야 한다는 생각이 들었다. 그런데 죄를 기억해내고 고백할 수는 있어도 진정한 회개가 되지 않았다. 아무리 회개할 수 있게 해달라고 기도해도 내 안에서 참된 회개는 이루어지지 않았다. 그렇게 5년이란 세월이 흐른 뒤, 남편이 담임 목회지에 부임하였을 때에야 비로소 참된 회개의 자리에 이를 수 있었고 심령에 은혜가 회복되었다.

이처럼 회개란 성령 하나님의 도우심과 권고하심이 없으면 결코 이를 수 없는 자리이다. 그러므로 이전에 내가 알지 못하고 깨닫지 못하던 죄가 생각나고, 우리에게 잘못했다고 생각한 사람들의 죄보다 자신의 허물과 부족함이 보이는 것은 은혜 중의 은혜요,

복 중의 복이다.

　사람에게서 받은 모든 상처들을 치유하는 것도 참된 회개에서 비롯된다. 외도를 한 남편을 용서하는 것은 아내로서는 불가능한 일일 것이다. 표면적으로 용서했다 해도 곧 그 아픔이 살아날 것이다. 그런데 하나님의 은혜로 회개하게 되면 하나님 앞에서 자신은 남편보다 더 큰 죄인이라고 여겨진다. 하나님 앞에서 외도보다 더 큰 죄를 지은 자신을 발견하면 남편이 자신에게 했던 잘못을 진정으로 용서하게 될 것이다. 사모를 무시하고 배반한 성도들 때문에 마음이 고통스러울 때 회개의 영이 임하시면 자신의 부족함과 죄악이 보인다. 그럴 때 비로소 그 어떤 사람들의 죄라도 용서하게 된다. 그리고 그것이 우리에게 은혜가 되고 복이 된다.

　참된 회개는 마음의 병만 치료하는 것이 아니라 육신의 질병도 치료한다. 뿐만 아니라 환경의 어려움을 해결하기도 한다. 어느 날, 자신이 생각하지도 않았던 죄들이 떠오르고 모든 사람들에게 미안한 마음이 들면서 회개하는 마음이 쏟아 부어질 때는 막힌 담이 무너질 때이다. 하나님께서는 환경을 여시기 전에 먼저 회개하는 마음을 주신다.
　목회 현장은 억울한 일들이 많이 생기는 곳이다. 환경은 언제나 우리에게 열악하다. 그것이 하나님의 뜻일 수 있다. 황폐한 곳을 기름진 곳으로 바꾸어가는 것이 우리의 일이 아니겠는가? 거칠고 황폐한 환경들은 거대한 절망과 원망이 되어 우리를 짓누른다. 그런데 이런 환경들을 원망하기보다 자신 안에 있는 죄로 가슴 치며 진심으로 회개할 때 환경에 변화가 일어난다. 그러니 회개할 수 있다는 것은 얼마나 큰 복 중의 복이며, 은혜 중의 은혜인지 이루 말할 수 없다.

또 말씀 안에서 자신의 기질적인 약점도 회개로서 극복해 내야 한다. 예를 들어 지나치게 내성적인 사람은 자신의 세계에서 나와야 한다. 그리고 다혈질의 사람들은 절제의 능력을 갖추어야 한다. 담즙질은 좀더 부드럽고 화합하는 성품을 갖추어야 하며, 점액질은 좀더 적극적이고 열정적이 되도록 해야 한다. 그런데 이 과정은 매우 힘들고 고통스럽고 길고 긴 여정이다. 뼈를 깎고 살을 도려내는 아픔이 수반된다.

학문을 많이 익히면 훌륭한 사역자가 된다고 생각한다. 그리고 요사이는 성령의 은사를 받으면 하나님께 크게 쓰임 받을 것이라고 생각하기도 하지만 사실 그 어떤 능력이 있어도 기질적인 약점을 극복하지 않으면 쓰임 받는 데 한계가 있다.
기질의 극복은 하나님 안에서 오랫동안 회개하고 자신을 치며 복종해야 할 수 있다. 참으로 길고 긴 시간들이 필요하다. 많은 사역자들이 이 과정에서 포기하든지, 이런 과정이 있는지조차 모른다.

오늘날 성령의 은사가 강력하게 부어지고 있는 것을 느낀다. 많은 목회자들이 은사를 사모하며 성령의 은사를 받기 위해 애를 쓴다. 그러나 성령의 은사가 모든 것이 아니다. 오히려 은사를 받은 후 그릇을 정결하게 해 가는 끝없는 연단의 과정이 있다.

성경에는 주께서 우리를 단련하신 후에 우리가 정금같이 나온 다고 하셨다. 우리가 정금이 되기 위해서는 내 안에 있는 불순물을 녹여야 한다. 참으로 고통스러운 순간들이다. 회개의 은혜가 있으면 이 고통의 순간들을 불평 없이 자신을 쳐서 복종시켜 간다. 회개의 은혜가 없으면 원망과 절망으로 시간을 헛되이 보내게 된다.

회개해야 한다. 어떤 순간에도 자신을 돌아보며 회개의 시간을 가져야 한다. 참된 회개의 은혜는 오직 하나님으로 말미암는다는 것을 알고 날마다 그 은혜를 사모해야 한다.

이 땅의 사모들이 정금같이 아름다워질 때 하나님의 나라는 찬란하게 빛날 것이다. 정금으로 빛나는 그 나라를 사모하고 사모해 본다.

믿음,
살아 계신 하나님

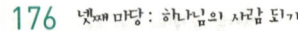 예수님이 우리를 위해 죽으셨음을 믿음으로 영생을 얻게 된다. 그런데 믿음은 천국에 갈 수 있는 티켓 외에도 많은 것을 가능하게 한다.

　예수님을 영접하고 구원을 받은 후부터 나는 어떻게 하면 하나님을 기쁘게 할 수 있을까, 하나님을 위해 무엇을 드릴 수 있을까 고민했다. 그런데 내가 하나님께 드릴 것이 참으로 없었다. 돈도 하나님이 주신 것이요, 지식도 재능도 다 하나님이 주신 것인데 대체 하나님께 드릴 것이 무엇이란 말인가? 그때 내게 다가왔던 말씀이 히브리서 11장 6절이었다.

　"믿음이 없이는 하나님을 기쁘시게 하지 못하나니 하나님께 나아가는 자는 반드시 그가 계신 것과 또한 그가 자기를 찾는 자들에게 상주시는 이심을 믿어야 할지니라."

이 얼마나 놀라운 말씀인가?

하나님이 살아 계신 것을 믿는 것과 또 그 하나님을 찾기만 하면 상을 주신다는 것을 믿기만 하면 기뻐하시는 하나님!

하나님이 살아 계심을 믿는 것이 믿음이다. 하나님이 살아 계신 것을 믿는다는 것은 매순간 그분을 진정으로 인정하여 드리는 것이다. 모든 행동과 말 가운데 그분이 계시다는 것을 배려하는 것이다.

무엇을 하든지 최소한 하나님의 뜻이 어디에 있을지 고민이라도 하는 것이 하나님이 계신 것을 인정하는 것이 아니겠는가? 하나님이 계시는 것을 인정하는 증거가 기도라고 생각한다. 그래서 성도의 신앙생활의 기본이 기도이다. 무엇을 하든지 기도로 시작하고 기도로 마친다는 것, 나아가 매순간 하나님의 뜻을 구하는 것, 그리고 매순간 하나님과 대화하는 것이다.

자기가 사랑하는 사람과 세 시간을 함께 보냈다면 최소한 삼십 분이라도 우리와 대화하기 원하시는 하나님과도 시간을 보내는 것이다. 진정 하나님이 우리 옆에 가장 가까운 곳에 계시다는 것을 믿는다면 하나님을 배려하지 않겠는가? 하나님께서 무엇을 기뻐하실지 생각해 보지 않겠는가?

또 하나님이 살아 계시다는 것을 믿는다는 것은 모든 불의의 유혹에서 자유로울 수 있는 것이다. 아주 작은 것도 하나님은 다 보고 계시며 우리 삶의 순간순간은 다 하나님께 알려진 바 된 것을 본다.

하나님이 살아 계시는 것을 진정으로 믿는다면 우리는 더 신실하게 살 수 있을 것이요, 더 인내하며 살 수 있을 것이다. 남편이 걷는 목회의 길을 지켜보면 주변에서 신실한 분들은 결국에는 복 받는 것을 본다. 비록 힘들고 어려운 과정이 있다 해도 하나님 앞에서 하나님을 바라보고 목회하신 분들은 하나님이 함께하신다. 하나님은 살아 계신다.

오직 의인은 믿음으로 말미암아 살리라는 말씀이 세월이 갈수록 와 닿는 것이 얼마나 놀랍고 감사한지 모른다. 참으로 하나님은 믿음대로 이루어 가시는 것을 본다. 아니, 믿음은 선물이다. 그래서 복을 주시기 전에 먼저 믿음을 주시는 것 같다.

남편은 언제나 1천 명의 교회를 꿈꾸었다. 남편이 하나님 앞에서 하고 싶은 영어 유치원이나 실버타운 건설 같은 비전은 성도가 1천 명 정도가 되어야 가능하다고 생각했기 때문이었다. 그래서 그 비전을 이루기 위해 최선을 다해 달렸다.

믿음은 행위를 가져온다. 남편은 항상 예배당에 1천 명의 성도가 가득 찼다는 것을 상상하며 설교하고, 또 말씀을 준비할 때도 정말 최선을 다했다. 또한 1천 명의 성도가 되었을 때, 교회가 할 수 있는 일들을 꿈꾸었다.

그렇게 최선을 다하며 달려가던 어느 날, 새벽 기도 때 교회를 옮기게 될 것이라는 하나님의 음성이 들렸다. 그리고 하나님의 뜻을 물으며 기도하던 중, 지금의 교회로 부임하게 되었다. 그런데 옮기고 나니 선교원도 있고, 실버타운 부지도 있고, 1천 명이 모이는 교회였다. 믿음을 가지고 달려가니 믿음대로 이루어지는 것을 보게 된 것이다.

믿음대로 되는 것은 정말 확실하지만 반드시 그 믿음에 따른 삶이 따라야 이루어진다. 그런데 그 믿음조차 하나님이 주시니 얼마나 놀라운 일인가?

우리는 내가 가진 재산이 얼마인지, 차종이 무엇이며 자녀가 공부를 잘하는지에 마음이 갈 수 있다. 그러나 그것은 세상 모든 사람도 그러하다. 사모는 가정에 믿음이 있는지 없는지에 먼저 관심을 가져야 한다. 우리 안에 하나님이 주신 비전과 믿음이 있는지, 만약 없다면 우리 통장에 아무리 잔고가 많아도 실상은 가난한 자이다. 눈에 보이는 것이 없어도 우리 안에 하나님이 이루어 주실 여러 가지 믿음(남편, 자녀, 자신, 교회 등에 관하여)이 있다면 진정 부요한 사람이다. 왜냐면 그대로 이루어 주실 것이기 때문이다.

우리 안에 믿음의 확신이 있다면 반드시 이루어진다. 그 믿음을 주시는 분은 하나님이시기 때문이다.

> "복음에는 하나님의 의가 나타나서 믿음으로 믿음에 이르게 하나니 기록된 바 오직 의인은 믿음으로 말미암아 살리라 함과 같으니라"
> (롬 1:17).

하나님의 의는 허물 많고 죄 많은 우리가 우리 자신의 연약함을 보는 대신 우리의 연약함을 덮으시는 예수님을 바라보며 나아갈 때 나타난다. 우리에게 능력이나 자격이 있어서가 아니라 오직 죄인을 의롭다 하시는 하나님을 믿는 믿음을 가질 때 하나님이 의롭다 하여 주시는 은혜를 누리게 된다. 그리고 그분이 우리에게 천국 외에 또 다른 믿음의 세계를 누리게 하신다. 그러면서 점점 더 큰 믿음의 사람이 되어 가고 또한 작은 믿음이 이루어지는 것을 볼 때 믿음이 점점 더 자란다.

사모는 항상 믿음의 통장에 잔고가 있는지 먼저 살펴야 한다. 믿음의 창고를 꽉 채워야 한다. 이 믿음은 어느 누구나 말할 수 있는 긍정의 힘이 아니다. 자기 암시나 주문으로 긍정적인 말을 하는 것과 하나님이 주시는 믿음은 확실히 다르다. 그냥 긍정적인 말에 그치는 것은 믿음과 비교할 수 없다.

누군가를 믿는다는 것은 그에 대해서 잘 안다는 뜻이다. 하나님을 알아가면 알아갈수록 하나님에 대한 신뢰는 커진다. 그래서 호세아는 "우리가 하나님을 알자, 힘써 하나님을 알자"라고 외쳤다. 믿음이 자라기 위해서는 하나님에 대해 묵상하고 하나님을 알아야 한다. 하나님을 알면 알수록 하나님에 대한 믿음이 커질 수밖에 없다. 그래서 믿음은 들음에서 나고, 들음은 하나님의 말씀으로 말미암는다고 했다. 오늘도 말씀을 펼쳐 보라. 미쁘시고 신실하시며 좋으신 우리 하나님을 만날 수 있으리라!

소망,
참된 기쁨

대학 시절, 교회 수련회에서 '믿음 소망 사랑'을 주제로 조별로 연극 대회를 한 적이 있다. 우리 조는 '소망'이 주제였는데 내가 시나리오를 짰다. 연극은 주기철 목사님이 성도들에게 소망에 대해 설교를 하는 것으로 시작되었다. 힘들고 어려운 여건이지만 천국, 영원한 나라를 바라보며 믿음을 잃지 말자고 설교하는 순간 일본 경찰들이 들이닥치며 목사님을 끌고 간다. 그리고 주 목사님이 못 위를 걸으며 '저 높은 곳을 향하여'라는 찬송을 부르고 순교하는 것으로 연극의 막이 내렸다.

지금 생각해도 '소망'에 대한 주제를 잘 표현했다고 생각한다. 소망은 힘들고 어려운 사람에게 필요한 것이다. 그러므로 목회자와 사모가 소망을 굳건히 하는 것은 매우 중요한 일이다. 소망의 닻을 든든히 내리면 목회가 아무리 힘들고 어려워도 반드시 이겨 낼 수 있다.

앞뒤 돌아보지 않고 오직 복음을 전하는 일만 하다가 정신이 들고 보니 자다 보면 쥐가 천장에서 떨어지고 벽은 온통 금이 가서 언제 무너질지 모르는 집에 누워 있었다. 더구나 밖에서는 지하철 공사를 하느라 하루 종일 폭발물이 터지고 있었다. 그리고 얼마 후 삼풍백화점 붕괴 사고가 일어났다. 우리집은 삼풍백화점보다 더 위태해 보였다. 낮에는 공사 때문에 집이 위아래로 계속 흔들렸고 새벽에는 노이로제 때문에 방바닥이 옆으로 흔들렸다. 꼭 배멀미를 하는 것 같았다.

대학 친구들은 목동에 아파트를 사서 들어가고, 모두 아파트들을 장만하고 있었는데 내가 사는 집은 도깨비가 나올 것 같다며 딸의 친구들이 한 번 왔다가 다시는 오지 않았다. 주의 일을 많이 할 수만 있다면 아무것도 바랄 것이 없었기에 목사와 결혼했는데 주의 일은커녕 매일 하는 일은 네 살 된 딸과 갓난아기를 데리고 언제 무너져 내릴지 모를 집을 지키는 일뿐이었다.

나의 모든 선택에 회의가 왔고 나의 처지가 너무 비참했다. 하나님의 일을 많이 하고 싶어서 사모가 되었는데 교회 안에 부목사 사모가 할 일은 없어 보였다. 나는 언제 하나님께 붙들려 쓰임 받을 날이 올 것인가?

각고의 고생 끝에 드디어 담임 사모가 되었다. 그런데 목사보다 돈이 많은 성도에게 더 크게 인사하는 성도들을 만났다. 목사의 말보다 세상적인 지식과 돈이 있는 성도를 더 존경하는 사람들이 있는 교회에 부임했다. 내 자신이 한없이 초라해지는 것을 느꼈다.
넓은 평수의 아파트에 살고 세상에서 성공한 이들이 대단하게 보이기 시작했다. 그들의 수고와 노력은 높이 살 만한 것이었다. 그들은 누구보다 열심히 일했고 최선을 다했다. 당연히 그런 곳에 살 만한 자격이 있었다.

그러나 내게는 더 큰 것이 있었으니 소망이었다. 천국의 소망, 부활의 소망이 있었다. 이 땅에서 좋은 집에 사는 사람도 대단해 보이는데 영원한 나라에서 멋진 집에 산다면 더욱더 의미 있고 훌륭한 일일 것이다. 불에 타서 없어질 집을 위해 수고한 이들이 누리는 복은 영원한 나라에서 우리가 누릴 복이 얼마나 더 큰지 보여준다.

나겸일 목사님이 천국에도 노숙자가 있다고 말씀하셨을 때 너무 재미있는 말씀이라 생각했다. 실제로 천국에도 노숙자가 있는지 없는지는 알 수 없으나 반드시 상급에 차이가 있을 것이다. 이 땅에서 더 많이 수고한 사람과 덜 수고한 사람, 하나님 없이 이 땅의 영광만 추구하고 산 사람과의 차이는 우리가 상상할 수 없을 만큼 클 것이다.

자아가 약하고 연약한 나는 대인관계에서 극심한 피로를 느낀다. 이 세상은 나같이 유약하고 연약한 사람이 살아가기에 너무 힘든 곳이다. 그래서 나는 언제나 기도 시간을 좋아한다. 나의 기도는 필요를 아뢰는 기도만이 아니다. 그냥 하나님과 함께하는 시간이다. 예수님과 대화하고 내 안의 생각을 정리하고 내 영혼의 찌꺼기들을 제거하는 시간이다. 그런데 그 기도 시간은 늘 부족하다. 나는 예수님과 만나는 시간을 많이 가지고 싶지만 예수님은 할 일이 많은 세상에 가라고 명하신다.

그래서 천국에 가면 가장 하고 싶은 일이 예수님 발 아래 앉아 예수님을 위한 사랑의 시를 짓고 예수님을 위해 노래하는 일이다. 예수님과 만나고 싶다. 예수님이 진정한 내 소망이시다. 예수님이 계신 곳이기에 천국이 천국인 것이다. 외로운 나와 친구가 되어 주셨고, 내 아픔을 위로해 주셨으며, 내 마음을 이해해 주신 예수님이 계신 곳! 내 첫사랑이시며 나의 모든 것인 예수님이 계신 그곳, 진정 그곳을 소망한다.

예수님과 회포를 푼 뒤, 천국에서 내가 하고 싶은 일은 그림을 그리는 것이다. 이 땅에서 내가 가장 하고 싶은 일이 그림을 그리는 것이기 때문이다. 그림에 재능이 전혀 없지만 그림이 재미있을 것 같다. 그리고 시간만 많이 주어진다면 분명히 잘 그릴 것 같다. 하지만 복음을 전하기에도 인생은 너무 짧다. 그래서 그림은 무척 그리고 싶지만 천국에서 마음껏 그릴 날을 기다린다.

그리고 중창단이나 합창단도 할 것이다. 나는 중창단이나 합창단에 들 시간도 여유도 없다. 그러나 천국에서는 시간이 얼마나 많겠는가? 나는 아직 스키장 근처에도 못 가봤는데 내 동창들은 스키장을 계절마다 다닌다는 얘기를 들을 때도 마음이 조금 울적했다. 하지만 천국에서는 더 멋지게 스키를 탈 수 있을 것이다. 리프트를 타기 위해 줄을 서지 않아도 되고, 그렇게 옷을 꾸역꾸역 겹쳐 입지 않아도 될 것이다. 그리고 절대로 사고가 나지 않을 것이다. 천국의 멋진 설산을 상상만 해도 기분이 좋다.

서울의 한 수족관에서 산호를 본 적이 있다. 이 세상의 그 어느 꽃도 그보다 아름답지 못할 것 같았다. 지중해의 멋진 바닷속을 들어가 볼 수 있다면 참 좋을 것 같다. 그러나 천국의 유리바다에서 수영할 날을 기다리며 마음을 접어 본다. 산소통을 메지 않아도 되고 입에 뭔가를 대지 않아도 마음껏 헤엄칠 수 있을 것이다. 그 바다는 이 세상의 그 어떤 바다보다도 아름다울 것이다.

때로 하나님의 사람들을 만나면 밤을 새워서 얘기를 나눠도 아쉽기만 하다. 그러나 잠시의 만남을 뒤로 하고 우리는 모두 각자의 사역지로 돌아가야 한다. 천국에 가면 시간에 쫓기지 않고 음식을 만드는 부담 없이 마음껏 성도의 교제를 할 수 있을 것이다. 날마다 파티를 열 수 있을 것이다.

부활한 내 육신은 질고의 고통을 벗을 것이며 날마다 후패해진 육신 대신에 가장 아름다운 새 육신을 입을 것이다. 더 이상 관계들로 인한 아픔이나 상처들이 없을 것이다. 할렐루야! 할렐루야!

우리의 소망이 헛되지 않는 이유이다. 소망은 이 땅의 모든 수고와 고난을 기쁨으로 감당할 수 있게 한다. 그리고 인생의 다이어트를 하게 한다. 쓸데없는 곳에 시간을 낭비하지 않게 하는 것이다. 우리가 이 세상에서 힘과 시간을 쏟아야 할 일이 무엇인지를 알게 한다. 아무것도 없는 자이나 모든 것을 가진 자가 되게 한다.

이 세상의 모든 것을 가졌어도 내일의 소망이 없는 이들은 그 허무함을 어떻게 감당할 수 있겠는가? 이 땅의 모든 것을 가졌기 때문에 오히려 더 공허할 것이다. 그러나 이 땅에서 많은 것을 누리지 못할지라도 영원한 세상에서의 영화로운 삶을 소망한다면 이 땅의 수고도 힘들지만 이겨낼 수 있다.

천국을 생각하고, 천국에서의 삶에 대해 성도들과 나눌 때마다 힘과 용기가 생기며 행복과 감격이 몰려온다. 사모들은 반드시 소망의 닻을 든든히 해야 한다. 현실이 어려울수록 천국을 사모하는 마음이 더 커진다. 이 세상의 모든 것은 안개와 같이 사라질 것들이다. 허망한 것들을 위해 살 것이 아니라 영원한 하늘나라에 예비되어 있는 것들을 소망하며 살자. 소망이 든든한 이들은 이 땅의 수고를 대하는 태도가 다르다. 사모의 길을 제대로 가고 있다면 지금도 힘든 시간들을 보낼 것이 틀림없다. 힘들고 수고로울 때마다 천국을 소망하자. 하나님 앞에 서는 그 날, 우리 주님이 눈물을 닦아주시리라! 그리고 이 땅의 수고를 마친 모든 사모님들과 영원히 해가 지지 않는 그 나라에서 수많은 이야기 보따리들을 풀며 잔치할 날이 올 것이다.

기쁨, 오직 주께 있는 보화

신실한 그리스도인의 열매 중의 하나가 기쁨이다. 하나님과의 관계가 제대로 이루어진 그리스도인은 기쁨이 넘치게 되어 있다. 우리는 항상 기뻐해야 한다.

항상 기뻐하라고 하면 대부분의 사람들은 기뻐할 일이 없는데 어떻게 기뻐하냐고 말한다. 정말 맞는 말이 아닐 수 없다. 특히 사모의 삶은 다른 이들과 비교할 때 좀더 힘들다. 그러다 보니 사모들의 얼굴은 대부분 어둡다고 한다. 가끔 어떤 성도들은 내 얼굴이 항상 밝은 것을 낯설게 여기기도 한다.

그러나 사실, 나의 삶을 돌아보면 그렇게 기뻐할 만한 일이 많지 않았다. 오히려 불신 가정에서 예수님을 믿느라 수없이 핍박을 받아야 했고, 학교 생활도 많이 힘들었다. 또 교회에서의 삶도 결코 평탄하지 않았다. 예수님을 믿기 전의 내 삶은 평온하기 그지없었다. 가정이나 학교에서 아무 문제가 없었다. 그러나 영생이 약속되지 않은 나의 삶은 평안이 없었다.

그런데 예수님을 영접하니 마음에는 넘치는 평안이 있었으나 현실의 삶은 힘들었다. 주변 친구들이 떠났고 부모가 나를 버렸다. 형제 자매도 나를 멀리했다. 세상에서의 어려움은 물론이고, 교회에서마저 그다지 지지를 받지 못한 고독한 나의 영혼은 이 세상 가운데 홀로 버려진 느낌이었다. 그런 가운데 하나님만을 계속 생각했다. 나를 위해 아들을 아낌없이 주시고 미천한 나를 자녀 삼아 주신 그 하나님!

하나님을 붙들고 하나님의 일만을 하며 나의 길을 갈 때 모든 물질도 내려놓아야 했다. 정말 내게는 한 푼의 돈도 없었다. 하루하루를 겨우 살아갈 수 있는 최소한의 돈만 있었다. 그 와중에도 매주일 예배 때는 항상 내가 가진 모든 것을 하나님께 드렸다.

그렇게 열심히 하나님의 일을 했지만 내게 돌아오는 것은 최소한의 물질과 최소한의 보살핌, 그리고 조금의 관심과 격려 정도였다. 주를 위해 많은 수고를 한다고 했지만 내 삶은 심히 곤핍하기 그지없었다. 어찌 낙심이 되지 않을 수 있겠는가?

그러나 우리 인간에게 베풀어 주신 하나님의 은혜는 예수님만으로도 더 이상 바랄 것이 없다. 나는 끝없이 예수님으로 인해 기뻐하려고 애를 썼다. 내 기쁨의 근원은 오직 나의 아버지 되신 하나님과 나의 예수님, 그리고 내 곁에서 늘 말씀하시고 위로해 주시는 성령님이었다.

오직 하나님만으로 내 기쁨의 근원을 삼았다. 세상의 모든 것이 없어도 하나님만 계신다면 아무것도 바랄 것이 없었다. 하나님은 늘 그 자리에 계시는 분이시니 하나님만으로 기뻐한다면 우리의 기쁨은 사라지지 않는다. 하나님만으로 기뻐하는 것은 성령의 감동만으로 되는 것은 아닌 것 같다. 끝없는 결단과 의지적인 드림이 필요하다.

세상이 주는 기쁨으로 기뻐하기보다 하나님이 내 안에 계신 것을 기뻐할 수 있는 것이 얼마나 큰 축복이며 큰 권능인지 모른다.

하나님만이 자신의 기쁨이 되는 이들은 세상이 감당할 수 없는 사람이다. 그 무엇이 그들을 유혹할 수 있으며 그 무엇이 주의 길 가는 것을 멈추게 할 수 있겠는가? 수많은 난관들을 극복할 수 있는 능력이 하나님을 기뻐하는 그 심령 속에서 온다. 어떤 난관 속에서도 늘 기뻐하는 목회자가 해내지 못할 일이 어디 있겠는가? 목회자가 낙심해도 하나님만으로 늘 기뻐하는 사모가 곁에 있다면 난관은 반드시 돌파될 것이다.

목회자나 사모를 가장, 행복하게 하는 것, 삶의 의미를 느끼게 하는 것은 목회의 열매를 보는 것이다. 교회가 부흥하는 것이다. 그러나 목회 현장에는 인간의 능력으로는 감당하기 어려운 크고 작은 어려움들이 산적해 있다.

손기철 장로님이 대구에 오셔서 목회자들과 사모님들을 위해서 기도해 주실 때 많은 분들이 낙망과 실망과 분노에 가득 사로잡혀 있었다고 말씀하셨다. 대구에서의 목회는 정말 그럴 법하다. 그러나 목회 현장만 바라보아서는 안 된다. 오직 우리의 기쁨의 근원이신 하나님을 바라보아야 한다. 목회 현장을 넘어서 하나님으로 기뻐할 수 있어야만 목회의 한계를 뛰어넘을 수 있다.

우리를 기쁘게 하는 것들, 사랑하는 사람이나 물질, 자녀, 성공적인 사역들은 언제든 우리를 떠날 수 있다. 그리고 이들의 상황은 늘 가변적이다. 그러나 하나님은 그 자리에 변함없는 모습으로 나를 맞아주신다. 하나님만이 기쁨의 근원이 되도록 자신을 연단한 이들은 환경과 상관없이 기뻐할 수 있다. 그리고 그렇게 환경을 뛰어넘어 기뻐하며 나아가야만 승리할 수 있다.

내 인생의 모든 것이 사라졌어도 하나님으로 기뻐할 수 있는 능력이 어느 정도 갖추어졌을 때 하나님은 내게 매우 많은 것을 선물로 주셨다. 아니, 모든 것을 주셨다. 정말 훌륭한 남편, 참 착하고 사랑스러운 자녀들, 그리고 말할 수 없이 좋은 시부모님, 또한 믿음의 가정에 시집가게 하셔서 오직 주의 일에만 매진할 수 있는 여건을 마련해 주셨다. 그리고 친정부모님과의 관계도 회복해 주셨다.

예수님을 믿기 때문에 온 수많은 고난과 아픔들은 하나님만을 바라보게 하는 연단의 과정이었다. 아무리 교회 일만 할 수 있는 좋은 여건이라 하지만 사역 속에서 어찌 힘들고 어려운 일들이 없었겠는가? 그러나 힘들고 어려울 때마다 하나님을 바라본다. 그리고 그 하나님이 나의 하나님이 되신 것으로 기뻐할 수 있는 내가 되도록 노력한다.

사모의 얼굴은 모든 성도들보다 환하고 기쁨이 넘쳐야 한다. 모든 것이 다 구비되고 문제가 해결되어서 그런 것이 아니다. 오직 하나님 그분만으로 기뻐할 수 있을 만큼 하나님 그분이 내 삶의 전부가 되어야 하기 때문이다.

"또 여호와를 기뻐하라 그가 네 마음의 소원을 네게 이루어 주시리로다"(시 37:4).

감사,
참 믿음의 증거

범사에 감사하라는 말은 그리스도인들이 가장 많이 듣는 성경구절 중의 하나이다. 감사의 위력과 열매는 많은 성도들에 의해 증명되었다. 그 어떤 힘든 상황도 선으로 바꾸시는 능력이 하나님께 있기 때문이다.

나는 태어날 때부터 몸이 약했다. 먹은 것을 잘 소화하지 못했고, 경기도 자주 했다고 한다. 초등학교 때까지 물에 씻은 김치와 물에만 밥이 주식이었다. 그러다 보니 계속 허약했다. 그런 데다가 정신적으로도 매우 연약했다. 신경성 질환으로 아프기까지 했다.

어릴 때 내가 그린 나의 미래는 불안과 공포였다. 왠지 내 인생이 불행해질 것 같았다. 그나마 예수님을 만난 후 죽음 이후의 세계에 대한 공포가 극복된 것으로 감사했다. 그러나 현실은 참으로 고통의 연속이었다. 불신 가정에서 믿음을 지켜나가는 것이 쉬운 일은 아니었다. 더구나 나는 여리고 연약한 심성이었기에 부모님과의 갈등을 극복한다는 것이 너무 힘들었다. 사탄의 공격도 극심했다. 신앙을 지켜가는 것만으로도 나의 모든 심신이 지칠 대로 지칠 만큼 사탄의 공격은 집요하고 극심했다.

가정에서의 핍박이 극에 달할 무렵, 갑자기 이 모든 환난과 어려움이 사탄의 격동함 때문이라는 생각이 들었다. 사탄의 목표는 내가 하나님께 불평하고 믿음의 자리에서 떠나게 하는 것이지 않겠는가? 생각이 거기에 미치는 순간부터 어떤 상황이 닥치든지 무조건 감사하기 시작했다. "핍박을 받아서 감사합니다. 버림을 받아서 감사합니다." 가슴으로는 할 수 없었지만 입술로는 감사할 수 있었다. 무조건 감사했다. 그러자 정말 가정에서의 핍박이 점점 사라지기 시작했고, 더 이상 사탄이 나를 공격하지 않는다는 것이 느껴졌다. 사탄이 절대 감당할 수 없는 사람은 감사하는 사람이다. 사탄이 어떤 어려운 상황으로 우리를 몰아넣는다 해도 그 상황조차 감사해 버리는 사람을 사탄은 감당하지 못한다.

목사님과 장로님과 집사님이 천국에 갔는데 예수님이 맞아주셨다. 그런데 장로님과 집사님은 발을 씻어주시면서 특별히 영접해 주시는데 목사님은 저쪽에 서 있게 하셨다. 그래서 목사님이 왜 자신만 차별하는지 예수님께 물었다. 그러자 예수님께서 장로님과 집사님은 이 세상에서 너무 수고를 많이 하고 왔고, 목사님은 세상에서 대접만 많이 받고 왔기 때문이라고 하셨다. 그러자 목사님이 그러면 어떻게 하면 자신도 예수님의 영접을 받을 수 있느냐고 물었다. 그러자 예수님께서 대구에서 5년만 목회하고 오라고 하셨다. 세미나에서 자주 회자되는 유머라고 한다.

이와 같은 유머가 회자될 만큼 쉽지 않은 목회지였지만 첫 부임지에서 떠오른 생각은 힘으로도, 능으로도 안 되는 곳이라는 것이었다. 오직 여호와의 신으로만 해낸다는 말씀을 붙들었다. 그러자 영력을 기를 수 있는 기회가 되겠다는 생각이 들면서 감사한 마음이 들었다. 하나님을 붙드는 데 힘을 쏟고 성령의 권능을 받기 위해 간절히 기도했다. 하나님의 은혜로만 이 모든 어려운 환경을 헤쳐 가는 것이 가능했기 때문이었다.

신기하게도 하나님을 붙들고 나가니 모든 절망적인 상황은 신기루처럼 사라지고 교회가 성장하기 시작했다. 어느 사역지보다 힘들고 어려운 사역이었지만 그로 인해서 하나님의 은혜와 권능을 체험하게 되었다. 감사로 모든 상황을 받아들였기 때문에 일어난 기적이다.

만약 왜 이렇게 힘든 곳으로 우리를 보내셨냐고 계속 불평만 하고 있었다면 영원히 교회는 부흥하지 않았을 것이다. 감사함으로 모든 상황을 받아들일 때 하나님은 어려움을 이겨갈 지혜를 주시고 복도 주셨다.

어린 시절, 어머니가 내게 하신 세 마디가 늘 기억이 난다.

"네가 잘하는 것이 뭐니?" "네가 끝까지 하는 것이 뭐니?" "네가 하는 것이 다 그렇지!"

안타깝게도 우리 어머니의 말씀은 조금도 틀린 데가 없다. 정말로 나는 제대로 하는 것이 하나도 없었다. 예수님을 영접한 후에도 제대로 하는 것이 없었다. 무엇 하나 제대로 할 줄 모르는 나의 무능함은 나를 기도의 자리로 이끌었다. 또한 마음이 너무 여리고 속에 있는 말을 전혀 하지 못했던 나는 교회 안에서 상처를 많이 받았다. 그런 환경도 나를 기도의 자리로 나아가게 했다. 나는 기도하고 또 기도했다. 기도만 하면 하나님의 위로를 느낄 수 있었기 때문이다. 그러다 보니 기도는 내게 현실 도피의 시간이었다.

그렇게 기도하고 기도만 하는 나를 사람들은 이상하게 봤다. 나도 기도만 하고 있는 나 자신이 문제가 있다고 생각했다. 그러나 나는 기도 외에 다른 것을 할 수 있는 힘이 없었다. 그렇게 오랫동안 기도하고 기도하다 보니 어느 날부터인지 내 속사람이 점점 강해져 갔다. 내 속사람이 강하다 해도 천성적으로 강한 사람보다 강하지 못할 만큼 나는 유약하지만 하나님의 은혜와 능력으로 강하게 된 나는 하나님을 붙드는 법과 하나님을 아는 지식, 그리고 하나님의 능력의 통로가 되는 사람이 되었다.

우리의 모든 약함과 불우한 환경도 감사한 마음으로 받아들이며 하나님을 바라볼 때 모든 것을 합력하여 선을 이루어 주시는 것을 체험한다. 그러나 감사하지 않는 사람들은 절대 하나님의 은혜와 기적을 누릴 수 없다.

하나님 앞에 가장 감사해야 할 이들은 목회자요 사모일 것이다. 그러나 많은 목회자 가정들이 감사를 놓치는 것을 본다. 목회자

가정일수록 사탄의 공격이 더 강하고 집요할 수 있다. 그러나 그 공격의 상황을 진심으로 감사로 받아들이는 목회자를 사탄이 어떻게 공격할 수 있겠는가? 때로 나보다 훨씬 좋은 환경에서 목회하는 이들이 감사를 모르는 것을 볼 때 안타까운 마음이 든다. 감사를 모르는 이들의 삶은 점점 피폐해지기 마련이다. 그러나 아무리 열악한 상황도 감사로 받아들이면 답이 있고 하나님의 도우심이 있다. 마침내 환경을 뛰어넘는 역사를 보게 된다.

우리가 왜 감사를 잃어버릴까? 목회 현장이 너무 열악해서일 수 있다. 수고한 대가를 제대로 받지 못할 수도 있고, 실력에 비해 수준이 낮은 교회에서 사역하기 때문일 수도 있다. 그런 상황은 참 견디기 힘든 상황이다. 그러나 어찌할 수 없지 않은가? 주어진 여건에서 최선을 다하는 것 외에는 답이 없다. 그것도 하나님 앞에서 감사하고 감사하며 감당해야 한다. 그래야만 기적을 보게 된다.

힘들고 어려운 여건 가운데서도 하나님께서 우리가 감사하기를 원하시는 것은 겸손한 사람만이 참 감사를 할 수 있기 때문이다. 또 믿음의 사람만이 감사할 수 있기 때문이다. 하나님이 우리에게 원하시는 것은 믿음과 겸손이다. 열악한 환경 가운데서 하나님께 겸손과 믿음과 순종에서 합격점을 받아야 한다.

첫 부임지에서 가장 힘들었던 것 중의 하나는 성도들이 남편의 진가를 잘 알지 못하는 것이었다. 내가 볼 때는 설교도 매우 잘하시고, 목회도 매우 잘하시는데 성도들은 남편의 좋은 점을 보지 못했다. 오히려 부교역자들의 설교에 더 많이 은혜를 받기도 했다.

질투가 나지는 않았지만 남편의 주옥 같은 설교를 놓치는 그들의 안목이 안타까웠다.

그런데 하나님의 강권적인 역사로 갑자기 사역지를 옮기게 되었다. 남편은 115년 된 교회에 부임하게 되었는데 인터넷 동영상을 통해 설교를 접한 청빙위원들은 모두 남편의 설교에 깊은 감명을 받았다. 그리고 성도들도 매주 부흥회를 하는 것 같다며 주일을 손꼽아 기다린다. 똑같은 설교를 어느 사역지에서 하느냐에 따라 많이 달라질 수 있다는 것을 깊이 체험하고 있는 중이다.

목회자가 유능하다고 다 목회에 꽃을 피우는 것이 아니다. 주변의 여건들이 함께 잘 어우러질 때 목회에서 열매를 볼 수 있다. 오늘 우리의 여건이 불만스러울 수 있다. 우리의 진가를 몰라줄 수 있다. 그러나 절대로 불평하거나 거부해서는 안 된다. 불평하면 환경은 더욱더 열악해질 뿐이다. 우리가 할 수 있는 일은 현실에 순종하고 그저 감사함으로 받아들이며 하나님을 높이는 일이다. 그 이후의 결과는 하나님이 하실 일이다. 믿음의 사람, 겸손의 사람이 어떤 상황에서든지 감사할 수 있다.

하나님은 살아 계시며 모든 기적을 가능하게 하신다. 모든 환경을 변화시키신다. 그 기적은 오직 감사하는 이를 위해 예비되어 있다.

모든 환경을 뛰어넘는 감사로 기적이 일상이 되는 일들이 사랑하는 사모님들에게 가득하기를 축복한다.

겸손,
능력의 통로

감사가 축복을 여는 통로가 된다면 겸손은 하나님의 능력이 임하는 통로가 된다. 하나님이 약한 자를 들어 사용하시는 것은 그들이 아무것도 할 수 없기 때문이며, 또한 그들이 진정 아무것도 아닌 존재이기 때문이다. 무가치한 이들을 하나님께서 들어 쓰시는 이유는 그들이 자신의 연약함을 제대로 알고 겸손하기 때문이다.

하나님은 자신의 약함과 무가치함을 알고 당신께 나아오는 자에게 은혜를 베푸시며 그들을 통해 일하신다.

교회에 처음 나왔을 때, 나는 할 줄 아는 것이 하나도 없었다. 그래서 내가 했던 것은 오직 기도였다. 기도로 하나님을 붙들며 겨우겨우 주어진 일들을 감당해 갔다. 그런데 어느 날부터는 기도조차 잘 되지 않았다. 그리고 내 안에 구원의 은혜와 감격마저 사라져 버리고, 살았으되 죽은 자 같은 나를 발견했다. 눈만 감으면 되는 기도조차 하나님의 은혜가 아니면 할 수 없다는 것을 깨달았을 때 교만할 만한 것이 우리 속에는 전혀 없다는 것을 알았다.

그런데 그렇게 철저하게 내 안에 아무 소망이 없다는 것을 영혼 깊이 세포세포마다 느낄 때에야 기도 문이 열리기 시작했다.

겸손은 사람과의 관계에서 자신이 다른 사람보다 부족하다고 말하거나 그렇게 느끼는 것만이 아니다. 진정한 겸손은 하나님 앞에서 자신을 제대로 깨닫는 것이다. 하나님 앞에서 우리 자신이 드러나면 진실로 우리는 아무것도 아닌 것을 알게 된다. 그러나 머리로는 그렇게 생각할는지 몰라도 영혼 깊숙이 세포 깊숙이 자신의 연약함과 무가치함으로 절망하는 것은 쉬운 일이 아니다. 그러니 우리 인간이 얼마나 나약한 존재인가? 자기 자신의 실제 모습조차 제대로 보지 못하는 존재가 바로 우리이다.

하나님이 쓰시고자 하는 이들은 반드시 절망과 좌절이라는 터널을 지나는 것 같다. 하나님이 우리에게 원하시는 것은 자신의 모습을 철저히 깨닫는 것이다. 만약 그 고난의 터널이 짧다면 우리는 곧 자신에 대해 잊어버릴 것이다. 마치 우리가 무엇이라도 된 양 여기거나, 우리 자신이 대단하다고 생각할 것이다. 고난의 터널이 길수록 온 영혼과 세포가 자신이 어떤 존재인지를 철저히 제대로 기억할 것이다. 하나님 앞에 우리가 어찌 겸손할 수 있겠는가? 겸손할 만한 것이 하나도 없는 것이 우리의 실제 모습이다.

우리의 실제 모습을 제대로 알고 하나님 앞에 섰을 때 비로소 하나님께서 우리를 쓰실 수 있다.

진정한 겸손은 자기 자신을 제대로 깨닫는 것이다. 자신이 무가치한 존재, 아무것도 아닌 존재라는 것을 처절하게 느끼는 것이다. 그리고 그런 자신의 모습을 절대자이신 하나님 앞에 완전히 고독한 존재가 되어 나가야 한다. 자신의 무능함과 무가치함을 어느 누구와도 나누어 져서는 안 된다. 그래서 처절한 고독의 시간이 필요하다. 실패와 좌절을 함께 나눌 사람이 있는 이들은 절대자인 하나님을 만날 수 있는 기회를 놓칠 수 있다. 그래서 하나님께서 쓰시고자 하는 이들은 완벽한 실패와 처절한 고독의 상태로 이끌어 가시기도 한다.

청년 시절, 방언의 은사를 받기 위해 기도했을 때 나 자신의 무가치함과 연약함을 발견했다. 많은 사람들 앞에서 하나님은 철저히 나를 낮추셨고 충분히 고독하게 하셨다. 그러나 결혼 후, 내게 더 큰 고독과 절망의 자리가 기다리고 있었다. 사모의 자리는 참 애매한 자리라서 교회 안에서도 끝없이 고독할 수밖에 없었고, 사역지 때문에 고향을 떠났으므로 친구도 없었다.

그러나 그 무엇보다 고통스러웠던 것은 영적인 목마름이었다. 기도 가운데 하나님과 깊은 교제를 나누고 말씀 가운데 힘을 얻었던 청년 때는 어떤 고통도 문제가 되지 않았다. 하지만 기도 문이 막히고 아무리 말씀을 읽어도 나와 상관없는 말씀으로 여겨지니 살아 있어도 살아 있는 것 같지 않았다.

아무리 부르짖고 애타게 갈망해도 하나님은 내게 성령의 은혜를 부어주시지 않았다. 그렇게 몸부림치며 고통했던 시간이 자그마치 5년이나 되었다. 그 기나긴 절망의 터널은 나 자신의 무능함과 무가치함을 영혼 깊이 새기는 계기가 되었다.

겸손이란 자신이 아무것도 아닌 존재라는 것을 철저히 시인하는 것이요, 또 하나님의 은혜가 아니면 아무것도 할 수 없는 존재임을 처절하게 깨닫는 것이다.

주의 일을 제대로 하다보면 겸손하게 되지 않을 수 없다. 목회현장에서 우리가 할 수 있는 일이 과연 얼마나 된단 말인가? 모든 일에서 먼저 실패하는 것이 어쩌면 제대로 된 길을 가는 것인지도 모른다. 우리가 철저히 실패하고 하나님의 도우심을 구하고 나갈 때 하나님이 일하실 수 있다.

나는 실제로 너무 부족하고 연약한 사람이다. 우리 아들들은 나의 연약함을 유전으로 이어 받았다. 남편이 볼 때 아들들은 남편이 감당할 수 없을 만큼 부족함이 많다. 예수님을 만나기 전의 내 모습인 아들들을 보며 남편은 가끔 정말 이해하지 못하기도 하고 때로 절망을 느낀다. 하지만 나는 유약하고 연약하기 그지없는 아들들을 보며 나의 나 된 것에 한 번 더 감사하게 된다.

연약한 사람들은 연약하기 때문에 하나님께 나아간다. 그 외에는 길이 없기 때문이다. 그러나 인간적으로 능력이 있는 이들은 하나님께 나아가는 것이 어떤 것인지 제대로 알지 못한다. 그 절망과 두려움과 연약함을 경험해 볼 기회가 없기 때문이다. 그리고 이들은 하나님의 도우심이 절박하게 필요한 때도 거의 없다. 그러다 보니 하나님의 도우심을 입을 수 있는 기회를 많이 보지 못한다. 하나님의 도우심을 절박하고 처절하게 구해야 하는 그 자리가 우리 인간의 자리이다. 하지만 다른 사람보다 조금이라도 나으면 그런 자리에 이르지 못한다.

우리 인간이 마땅히 서야 할 하나님 앞에서 아무것도 아닌 것을 철저히 깨달아 아는 그 자리가 우리의 모습임에도 많은 이들이 그 사실을 깨닫지 못한다. 그런데 그 위치를 제대로 깨닫는 것이 참된 겸손이다.

목회나 환경의 한계에 부딪칠 때가 본래 자신의 처지를 깨달을 수 있는 절호의 기회이다. 그래서 자신의 처지를 불평하거나 원망하기 전에 아무것도 아닌 자신을 볼 수 있게 하신 은혜를 감사하자. 그것이 겸손이다.

사실, 겸손은 낮아지는 것이 아니다. 자신을 제대로 보는 것이다.

한편, 인간적으로 정말 연약한 이들도 하나님 앞에 크게 쓰임 받을 수 없다. 그 연약함을 믿음과 순종으로 뛰어넘는 단계에 이르러서야 하나님이 비로소 쓰실 수 있다.

예수님을 영접한 후부터 열심히 기도하고, 자나깨나 소원은 하나님께 쓰임 받는 것이었지만 그 기도는 응답되지 않았다. 내 안에 유약함이 너무도 많았기 때문이다. 그러다 몇 년 전부터 자아가 건강해지고 단단해지는 것을 느꼈다. 예수님을 영접한 뒤 25년이나 지나서이다. 이제 하나님께서 나를 써 주실 것 같다.

그토록 갈망하고 갈망했지만 하나님은 나를 쓰실 수 없었다. 내가 너무 약했기 때문이었다. 하지만 만약 단단한 자아들이 하나님 앞에서 자신의 어떠함을 깨닫고 낮아지고 겸손해진다면 하나님은 그들을 단번에 들어 쓰실 것이다.

간절히 바라기는 갈 길이 많고 할 일이 많은 한국 교회의 훌륭한 목회자들과 사모님들이 자신들의 능력을 보며 비교하기 전에 하나님 앞에 자신을 제대로 발견해서 모두가 크게 쓰임 받는 날이 오기를 간절히 기도해 본다.

순종,
축복의 통로

감사와 더불어 축복의 통로가 되는 덕목이 순종이다. 순종은 하나님과 사람을 기쁘게 하고 축복을 받는 지름길 중의 지름길이다. 간혹 탁월한 능력이나 강력한 은사를 지닌 부교역자들 가운데서 불순종의 사람들을 만난다. 그들의 능력이 탁월하기 때문에 담임 목사를 만만하게 대한다든지 무시하는 것을 보기도 한다. 하지만 아무리 능력이 탁월하다 해도 이런 이들이 축복을 받기는 어려울 것이다. 하나님은 그런 사역자들을 절대로 복 주시지 않는다.

그러므로 진정한 순종은 참된 겸손에서 시작된다.

하나님께 순종하지 않을 사람이 있을까? 대부분 하나님께는 순종하고자 할 것이다. 그런데 담임목사님이나 남편에게 순종하는 것이 바로 하나님께 순종하는 것임을 잘 모르는 것 같다. 아니, 알아도 잘 안 되는 것이다. 특히 남편에게 순종하는 것은 참 어렵고 힘든 일이다.

청년 시절을 보냈던 모교회에서 7년째 되던 해 교회를 옮길 때가 되었다는 감동이 왔다. 이제 모교회를 떠나야 할 때가 되었다고 하셨다. 그래서 교회를 떠나려고 했지만 부목사님이 잡으셨다. 나는 내 마음에 일어난 감동을 접고 일단 목사님께 순종했다. 일단 목사님께 순종했다. 그러자 넉 달 후, 부목사님이 나를 부르셨다. 그리고 여전히 떠나야 한다고 생각하느냐고 물으셨다. 그래서 그렇다고 말씀드렸다. 그러자 비로소 교회를 떠나라고 말씀하셨다.

나는 목사님의 말씀이 떨어지자마자 곧 교회를 옮겼다. 그리고 그 때 옮겨간 교회는 내 평생에 큰 축복의 통로가 되었다. 만약 목사님의 말씀에 순종하지 않고 내 마음의 감동대로 교회를 옮겼다면 나는 그 교회를 가지 않고 다른 교회를 갔을 것이다. 그런데 넉 달이 지나면서 환경이 바뀌고 처음에 가려고 했던 교회가 아닌 다른 교회로 옮겼다. 그리고 그 교회를 통해 많은 축복을 받게 되었다.

나는 기도 가운데 어떤 응답을 받아도 반드시 남편에게 검증을 받는다. 만약 사모가 아니었으면 담임목사님과 의논했을 것이다. 그리고 남편이 아니라고 하면 나도 멈춘다. 남편의 판단이 틀릴 때라도 순종한다. 그래야만 하나님이 축복하신다. 담임목사님이 나와 맞지 않을 때라도 반드시 순종한다. 그것이 하나님에 대한 순종이기 때문이다.

나는 늘 기도 시간이 모자르다. 새벽에는 아이들이 학교에 가기 때문에 오래 기도하지 못하고 졸다가 오는 경우가 많다. 그래서 늘 밤에 교회에 기도하러 가는 시간을 가졌다. 그런데 어느 날부터 남편이 밤에 기도하러 가지 말라고 했다. 아이들이 정서적인 불안을 느낀다는 것이었다. 나는 걱정이 되었다. 내가 기도하지 않으면 교회가 힘들어질 것 같았다.

하나님은 나를 사랑하시지만 내가 하나님을 만나는 시간을 갖기 원하신다는 것을 느낀다. 그냥 하나님 앞에 나가 하나님 앞에 있는 것만으로도 내가 구하지 않은 것까지 해결해 주시는 것을 느낀다. 그런데 하나님과 친밀한 교제의 시간을 놓치면 어려운 일들이 생기지 않을까 염려되었지만 남편의 말씀에 순종했다.

아니나 다를까 교회는 너무도 큰 시련에 부딪혔다. 아니, 남편의 목회에 큰 시련이 왔다. 이제까지 쌓아왔던 모든 것들이 무너져 내리는 것처럼 보일 정도로 어려웠다. 하지만 이 어려움을 통해서 남편이 더 깊고 더 뜨거운 기도의 자리로 나아가게 되었고, 또 그 어려움을 계기로 소그룹으로 전환하는 데 박차를 가하게 되었다. 결국에는 교회에 큰 부흥을 가져왔다.

내가 저녁 기도를 하지 않아서 교회에 어려움이 왔다고 생각하지 않는다. 다만 밤에 교회에 가서 기도하지 말라는 남편의 말씀에 순종했고 그 순종은 마침내 큰 복을 가져왔다.

교회의 소그룹은 제자훈련을 통하여 성공적으로 정착되어 갔다. 교회는 안정되었고 훈련받은 제자들이 열매를 맺기 시작했다. 교회 안에서 내게 주어진 사역들에도 많은 열매가 맺혔고 행복해지는 일만 남은 것 같았다.

"하나님, 이제 행복합니다. 이제 교회가 완전히 안정되었습니다. 저는 행복한 사모입니다"라는 고백을 하는 순간, 갑자기 하나님께서 내년에 부산에 가 있을 것이라고 말씀하셨다. 너무 놀라고 황망했다. 한동안 남편에게 알리지도 않았다. 그러나 불순종하는 것이 두려워 남편에게 말씀드렸다. 남편도 기도를 하였다. 그리고 기도하는 중에 떠나는 것이 교회를 봐서 유익하겠다고 말씀하였다.

'부산으로 가야 한다면 어디로 가야 합니까?' 하고 기도하는 중에 교계 신문에 한 교회의 광고가 실렸다. 그 교회는 역사가 오래된 교회이고, 침체된 교회였다. 그다지 좋은 이미지의 교회가 아니었다. 나는 대구의 교회에 처음 왔을 때와 비슷한 교회인 것 같아 가슴이 무너지는 것 같았다. 이제 끝난 고생을 처음부터 다시 해야 한다고 생각하니 막막하기 그지없었다. 그러나 순종의 결단을 다지고 일을 추진했다. 그러자 하나님은 아주 작은 것조차 섬세하고 놀랍게 길을 열어 가셨다.

이미 끝난 고생을 다시 해야 하고, 이제 부흥하는 일만 남은 교회를 두고 새로운 곳으로 가야 하는 것은 쉬운 일이 아니었다. 그러나 순종해야만 한다고 여기며 한 걸음 한 걸음 내디뎠는데 부임하고 보니 좋은 점이 많은 교회였다. 무엇보다 성도들이 남편의 진가를 알아주고 남편의 설교가 얼마나 좋은지 알아듣는 귀가 열려 있는 교회라서 매우 감사했다.

순종하는 것이 마침내 복이 된다. 하나님께서 가라고 하실 때는 책임을 지시겠다는 것이다. 하나를 내려놓으라고 하실 때는 더 좋은 것을 예비하고 계신 것이 확실하다.

나는 신앙생활을 처음 시작했을 때에도 순종을 잘하는 편이었다. 그런데 처음 순종했을 때는 그저 구원 받은 것이 감사해서 어떤 고난과 고통의 길이라도 순종해야 한다고 생각했다. 그런데 순종하면서 느낀 점은 하나님이 하라고 하시는 것이 훨씬 더 좋다는 것이다. 하나님께서 보여 주시는 대로 하면 실수도 실패도 없기 때문이다.

하나님께서 우리의 순종을 요구하실 때는 매우 큰 축복을 예비하실 때이다. 나는 평생 '하나님이 원하시는 것이 무엇일까?' 고민하고 살았다. 그리고 하나님이 원하신다면 무엇이라도 하겠다는 기도를 열심히 했다. 그런데 하나님은 내게 특별한 말씀을 하시지 않았다. 고등학교 3년 동안 '하나님을 위해 살겠으니 하나님 당신을 위해 무엇을 하면 좋을지 알려 주십시오' 라고 기도했으나 하나님은 아무 말씀이 없으셨다.

우리의 세 자녀를 위해 기도하면서 '하나님이 원하시는 길을 가겠으니 길을 보여 주십시오'라고 기도해도 전혀 알려주시지 않는다. 나는 아이들에게 하나님께 각자의 길을 보여달라고 기도하라고 한다. 하지만 아이들은 아직 크게 응답 받은 것이 없다. 내가 이토록 열심히 하나님의 뜻을 구하고 그 뜻에 순종하기 원하는 것은 하나님의 지혜가 가장 완벽하고 가장 선하시기 때문이다. 하나님이 우리의 순종을 요구하실 때는 그만큼 책임을 지시겠다는 것이다. 그러니 얼마나 큰 축복인가? 하나님께서 우리의 길을 직접 이끌어 가시겠다는 것이 아닌가?

하나님의 특별한 계시를 받고 특별한 지시를 받는 것은 일생에 몇 번 되지 않는 경험일 것이다. 신앙생활을 시작한 처음부터 나는 하나님의 뜻에 순종하겠으니 뜻을 보여달라고 날마다 기도했다. 하지만 사실 하나님은 구체적으로 말씀하시지 않았다. "너는 범사에 그를 인정하라 그리하면 네 길을 지도하시리라"는 말씀을 가장 좋아하여 그 말씀을 붙들고 기도했지만 구체적인 음성을 들은 적은 몇 번 되지 않는다.

하나님께서 우리에게 구체적으로 음성을 들려주시지 않는 것은 이미 성경 속에 하나님의 뜻이 있기 때문이고, 목사님의 말씀 속에 오늘 우리가 순종해야 할 것들이 있기 때문이다. 우리의 목회자와 남편과 성도에게 순종하는 것이 바로 하나님께 매일 순종하는 것이다. 각각 자기보다 남을 낮게 여기고 서로에게 복종하는 것이 순종이다.

오늘 교회들이 어려워지고 갈등하게 되는 것은 서로에게 복종하지 않기 때문이다. 하나님께 순종한다고 하면서 목회자와 남편에게 순종하지 않는 것은 바른 순종이 아니다. 하나님의 뜻이 분명할 때라도 반드시 주변의 성도들과 조화를 이루고 남편이나 목회자들이 수긍이 될 때까지 기다리는 것이 필요하다. 하나님의 뜻에만 순종하겠다고 하면서 주변의 성도들과 화목하지 않기 때문에 교회가 무너진다.

우리가 하나님의 뜻을 따라 살기도 어렵지만 내가 하나님의 뜻을 따라가려고 해도 주변에서 이해하지 못하고 인정해 주지 않을 때가 있다. 그럴 때 모두를 설득할 수 있는 것은 아니지만 최소한 목회자와 남편이 받아들일 때까지는 기다려야만 한다.

사모가 교회 안에서 전문가가 되고 많은 사역을 하기 위해서 반드시 필요한 덕목은 순종이다. 남편과 목회자에게 순종하는 것은 물론이요 성도들과의 관계에서도 사모가 성도에게 따라주는 것이 덕이 된다. 사모에게 주어진 일 이외의 모든 것은 성도들이 하자는 대로 따르는 것이 바람직하다. 교회의 모든 질서와 성도들에게 순종해 갈 때 진정한 사모의 리더십이 발휘된다.

사모의 순종은 큰 기적을 가져올 것이다. 큰 복을 가져오며 남편과 교회를 세우게 될 것이다.

상처,
내 안의 보화

연아, 그녀는 참으로 대단했다. 올림픽 무대라는 엄청난 부담을 안고 경기에 임했지만 완벽한 연기를 펼쳤다. 연아의 대담하고 강인함은 전설이 되고도 남음이 있을 것이다. 마음은 강인했지만 빙판 위에서의 그녀는 그렇게 우아하고 아름다울 수 없었다. 그녀가 하는 모든 동작은 편안해 보이고 쉬워 보였고, 난이도가 높은 점프를 하고서도 나비처럼 사뿐히 내려앉는 모습은 세계인의 경탄을 자아냈다.

그런데 그 다음날, 상처투성이인 그녀의 발이 누군가의 카메라에 포착되었다. 그토록 우아하고 시원시원하며 화려한 몸짓 안에 수없는 연습으로 상처 난 발이 있었다. 세상의 모든 발레리노들이 파트너가 되기 원하는 이 시대 최고의 발레리나인 강수진 씨, 그녀의 완벽하고 아름다운 몸짓의 비밀도 피나는 연습으로 망가진 흉측한 발에 있었다.

어쩌면 사모로서 우리의 삶도 사람들 앞에 보여지는 공연인 듯이 여겨질 때가 있다. 산 위의 동네이며 세상의 빛인 사모의 삶은 사람들 앞에 드러나고, 사모가 어떤 행동을 하느냐에 따라 사람들의 구설수에 오를 수 있기 때문이다.

사모는 인생을 아름답게 연주해야 할 책임이 따른다. 성도들과의 관계 속에서 또는 인생 여정 가운데서 일어나는 여러 가지 힘들고 어려운 일이 있어도 내색을 못하고 아무 일 없는 듯이 성도들을 대해야만 한다.

그럴 때면 사람들에게 보여지지 않는 가슴속이 시커멓게 타들어 가는 것을 느낀다. 마치 강수진 씨나 연아의 발처럼.

내게도 오랫동안 나를 힘들게 하는 원망이 있었다. 아무리 상대방을 용서해도 순간순간 떠오르는 기억들은 잊었던 분노를 솟구치게 했다. 하나님 앞에서 그 사람을 용서한다고, 용서하겠다고 수없이 말씀드렸지만 내 감정은 정리되지 않았다. 너무 오랫동안 나를 괴롭히기에 하나님께 간절히 기도했다.

"하나님, 저의 마음이 너무 괴롭습니다. 그 사람을 정말로 용서했는데 왜 제 속에서는 분노와 미움이 가득합니까? 이 마음으로 사는 것이 너무 힘이 듭니다." 그 때 하나님께서 내게 말씀하셨다.

"그 아픔이 네 속에서 보석이 되리라!"

가슴을 격동시키는 갈등이 있어도 성도들 앞에서는 내색을 할 수 없었다. 오히려 더 강하고 은혜로운 모습을 보여야 했다. 현실의 아픔을 딛고 용서하는 마음으로 모두를 대해야 했다. 내 안의 원망과 아픔은 나 스스로가 이겨나가야 할 문제였다. 내게 아픔이 있어도 하나님께서 명령하시는 곳에 순종하며 나가야 했다. 마치 찢어지고 문드러지는 발을 가지고 날아오르는 이들처럼, 어쩌면 날아오른다는 것은 그런 고통이 당연히 따르는 것일지 모른다.

그래서 선수들이 경기를 하는 동안 코치들은 가만히 앉아 있을 수 없는 것 같다. 선수들이 얼마나 힘든 싸움을 하는지 누구보다 잘 알기 때문이다. 오서 코치도 마찬가지였다. 연아가 경기 하는 내내 한 동작 한 동작 긴장을 놓지 않고 함께 호흡을 맞추는 것을 보았다.

나는 오서 코치의 모습 속에서 하나님의 모습을 보았다. 우리가 이 땅에서 믿음의 경주를 달려가는 동안 내내 우리와 함께하시며 함께 호흡하시는 하나님! 우리가 멋지게 승리할 때면 함께 환호해 주시고, 우리가 실패할 때는 함께 아파하시며 위로하시는 하나님!

나를 배신하고 내 진심을 짓밟은 이들로 인해 아직 마음의 상처가 아물지 않아도 웃으며 그들에게 손을 내밀 때 우리 하나님은 기뻐 뛰실 것이다. 내 마음에 원망이 있을 때라도 남을 탓하기보다 자신의 부족을 돌아보며 회개하는 우리의 모습을 보며 하나님도 파이팅을 외치실 것이다.

하나님께서 안무하신 작품은 우리의 발을 문드러지게 하지는 않지만 가슴을 문드러지게 하는 것 같다. 시커먼 숯덩이가 되어버릴 때가 많다. 이렇게 숯이 되어 버린 가슴으로 예배할 때 하나님의 힘찬 격려와 따스한 위로를 강렬히 느낀다. 그리고 그 은혜는 마침내 숯을 녹여낸다. 상처가 있는 사람만이 맛볼 수 있는 환희이다.

숯과 다이아몬드의 원소 기호가 같다는 것은 멋진 일이다.

"그 아픔이 네 속에서 찬란한 보석이 되리라!"

탈진,
충성의 증거

나는 "No"를 못한다. 누구에게도 "Yes"를 한다. 심지어 부탁하지 않은 일도 자진해서 맡아 버린다. 그러니 늘 일에 치여 살고, 나뿐 아니라 주변 사람들마저 나 때문에 피곤하다. 그러면서도 사역을 하지 않고 있으면 불안하다.

결혼 전에도 사람들의 부탁을 거절하지 못해서 일에 치이고, 또 일이 없으면 스스로 일을 찾아서 하는 통에 늘 일에 쫓겨 살았다. 그러다 보니 항상 피곤에 지쳐 있었고 정작 나를 관리하는 일은 못했다. 그러면서 자주자주 아무도 나를 모르는 곳에 가서 새로 교회 생활을 시작하고 싶기도 했다.

남편을 만나면서 맺고 끊는 것을 배우면서 많이 나아지기는 했지만 일에 매여 사는 것은 여전하다.

그래서인지 내 삶을 돌아보면 이제 아무것도 할 수 없을 것 같은 탈진이 온 적이 아주 여러 번이었다. 성령의 은혜를 체험하고 열심히 주의 일을 했던 몇 년이 지나면서 성령의 기름 부으심이 사라지고 갈급한 사막 가운데를 지날 때가 있었다. 결혼하고 은혜를 회복하는 듯하다가 첫아이 출산 후 몸이 급격하게 안 좋아지면서 아무것도 할 수 없을 만큼 힘이 들었다. 이제 영영히 주의 일을 하지 못하게 되는구나 하는 생각을 했다.

서울에서의 사역 기간에 몇 년 동안 또 심한 우울증이 있었다. 아무리 몸부림쳐도 몸과 마음이 회복되지 않아 죽은 것과 같았다. 남편이 담임 목회를 하면서 내 역할이 더 많아졌을 때에도 꼼짝할 수 없을 만큼 무너질 때가 많았다.

사역자가 탈진하지 않도록 자기 관리를 잘하라고 하지만 나는 참 자기 관리를 못하는 편이다. 맺고 끊고를 못하고, 산만한 탓에 이 일을 하다가 저 일을 하고, 이 일을 하려고 가는 도중에 다른 일이 생기면 다른 일을 하고 있기도 한다.

시중에는 자기 관리에 관한 책이 많이 나온다. 《소중한 것을 먼저 하라》는 책에는 우리에게 중요하고 급한 일, 중요하고 급하지 않은 일, 중요하지 않고 급한 일, 중요하지도 급하지도 않은 일이 있다고 한다. 그리고 우리 대부분은 전화나 메일 확인, 우편물, 갑자기 찾아온 사람과의 만남 등 중요하지 않고 급한 일에 많은 시간을 보낸다고 한다. 중요하지 않고 급한 일을 많이 하다 보면 탈진하지 않을 수 없다.

사모라는 자리는 맺고 끊기를 명확히 하기가 참 어렵다. 자칫 성도와의 신뢰를 잃을 수도 있기 때문이다. 그러다 보니 대인 관계에 끌려가고 그것은 사모의 탈진으로 이어진다.

우리는 탈진을 해서는 안 된다고 여긴다. 하지만 사역을 하면서 탈진하지 않는 것은 불가능한 것 같다. 탈진이 오는 가장 큰 이유 중의 하나가 애쓰고 노력한 만큼의 대가가 주어지지 않을 때이다. 자신의 진액을 쏟지 않는 목회자나 사모가 어디 있을까? 하지만 목회는 대가가 정말 더디게 나타난다. 그래서 끊임없는 인내가 필요하다. 그러니 순간순간 탈진하지 않을 수 없다.

남편이 담임목회를 한 후, 이제는 내 모든 것을 불사르며 열심히 할 때라 생각하고 열심히 달렸다. 참으로 아무것도 보지 않고 오직 교회 부흥에만 매달렸다. 그러기를 5년 정도! 어느 날, 더 이상 정말 아무것도 할 수 없는 모습으로 낡은 침대에 누워 있었다. 육신도 너무 지쳐서 최고 혈압이 70정도밖에 되지 않았다. 어느 누구도 격려해 주지 않는 나의 수고에 모든 에너지는 완전히 고갈되어 있었다.

젊은 시절, 극심한 탈진을 몇 번 경험한 일이 있었다. 그때는 그렇게 탈진한 상황에서도 주님이 한 번 더 나를 써 주시기를 갈망하고 갈망했었다. 나의 모든 소원은 하나님의 손에 붙들려 하나님께 쓰임 받는 것이었다.

그러나 담임 사모가 된 후 찾아온 탈진은 달랐다. 어느덧 나는 이렇게 기도하고 있었다.

"하나님, 감사합니다. 내 젊음을 불살랐고 내 인생을 불살랐습니다. 이제 나의 모든 것은 주님을 위해 태워졌습니다. 더 이상 드릴 것이 없는 나의 인생이 감사합니다. 주님만을 위해 내 모든 것을 드릴 수 있어서 감사합니다. 이제 저는 주님께 드릴 것이 없으니 새로운 사람을 세워 주십시오. 새로운 사역자들을 세우셔서 저를 대신하게 하여 주십시오."

이제 더 이상 드릴 것이 없을 만큼 주님께 내 모든 것을 불사를 수 있었던 지난날이 오히려 감사하다. 우리 마음에 오직 하나님을 품고 하나님을 바라보며 달려가다 보면 반드시 탈진이 올 것이다. 목회 현장은 우리의 수고에 빨리 반응하지 않는다. 계속 수고만 하고 대가가 주어지지 않는다면 누구라도 더 이상 서 있을 힘이 없을 것이다. 만약 그런 상태가 되었다면 오히려 하나님께 감사해 보면 어떨까? 우리의 모든 것이 주를 위해 불살라져 버렸다면 이 얼마나 감격스러운 일인가? 마치 마라톤을 완주하고 난 뒤의 탈진과 같지 않겠는가? 마라토너가 경기를 끝내고 쓰러질 때 누구나 박수를 보내듯이 우리의 탈진에도 하나님의 힘찬 박수가 있기 마련이다.

모든 것을 소진한 후, 이제는 편안한 마음으로 주의 일을 하게 되었다. 이제 주님을 위해 드릴 것을 다 드렸다는 마음이다. 그러나 주님은 내게 또 다른 새 힘을 주시면서 더 강하고 담대하게 하셨다. 온전히 비워지는 탈진 이후에 하나님의 새로운 기름 부으심을 경험했다. 그리고 그 새로운 기름 부으심은 이전보다 더 강하고 더 성숙한 세계를 경험하게 했다.

　시간이 지나면 주를 위해 모든 것을 다 드리고 다 타 버린 곳에 하나님의 새 은혜가 부어진다. 설사 더 드릴 것이 없다 해도 주를 위해 다 태워졌다고 생각한다면 무엇이 아쉽겠는가? 우리가 주의 일을 하다 보면 탈진할 수 있다는 것을 받아들이는 것이 좋을 것 같다. 그리고 오직 주의 일을 하다가 아무 열매와 대가가 없어 완전히 탈진했다면 그 순간을 감사하기 바란다. 오직 주를 위해 우리 인생을 드린 증거가 아니겠는가?

　사모로서 프로 의식을 가지고 나름 남편을 내조한다고 하지만 아무리 탁월하게 잘한다 해도 그것으로 교회가 부흥되는 것은 결코 아니다. 내가 아무리 남편을 잘 내조한다고 해도 교회 안에서 하는 일은 극히 일부분이고 한 분야일 뿐이다. 그러나 나는 항상 나의 능력과 내가 일한 분량에 비해 더 많은 축복을 누렸다. 크게 일을 하지 않아도 하나님이 나를 대신해서 해 주시는 것을 너무도 많이 느낀다.
　내가 하나님의 복을 받는 사람이기 때문이다. 왜 하나님은 나를 이렇게 축복하실까? 나만이 아니라 내게 관계된 모든 분들을 축복하실까?

　사역에 있어서 구원의 감격, 회개, 감사, 겸손 등 여러 조건들이 필요하지만 사실 가장 중요한 조건은 하나님을 향한 진정한 사랑이다. 이 모든 것은 사랑 안에 다 포함되어 있다. 진실하고 거짓이 없는 사랑! 하나님은 우리가 진정 하나님을 사랑하는지 아니면 우리의 성공적인 사역을 사랑하는지 정확히 알고 계신다.

나는 사랑하는 사람을 특별 대우한다. 하나님도 마찬가지라고 생각한다. 사랑하는 자녀를 위해서는 특별한 일을 하신다. 남편은 자주 그렇게 말한다. 하나님께서 모든 사람을 똑같이 사랑하는 것이 공평한 것이 아니라고 한다. 더 많이 사랑하는 사람을 더 사랑해 주시는 것이 공평하다고. 정말 맞는 말이 아닐 수 없다.

누구든지 하나님의 특별한 사랑을 받을 수 있다. 하나님을 특별히 사랑하는 사람이라면 누구나 누릴 수 있는 축복이다. 하나님을 진심으로 사랑하는 데는 노력이 정말 필요하다. 하나님을 진심으로 사랑하는 것이 하나님 앞에 증명되는 순간 만사형통의 사람이 되는 것 같다. 그리고 진정한 복의 사람이 되는 것 같다.

요사이 수많은 사역자들이 목회 방법을 배우기 위해 분주하다. 너무도 많은 프로그램들이 쏟아지고 있다. 하나님을 사랑하는 것은 시간을 하나님께 드리는 것이며 인생을 드리는 것이다. 1980년대 성경공부와 기독교의 탁월한 고전들을 가까이 하던 청년들 틈에서 하나님 앞에 나가서 하나님을 만나는 데 많은 시간을 드렸던 것이 참 잘했다는 생각이 든다. 수많은 프로그램을 왜 찾아가는가? 하나님을 사랑하고 만나기 위해서인가? 아니면 사역의 성공을 위해서인가?

하나님을 진심으로 사랑하고, 감사하고, 하나님으로 기뻐하고, 그릇을 깨끗이 하는 것, 하나님이 원하시는 사람이 되는 것, 하나님이 기뻐하실 만한 사람이 되는 것, 하나님의 조건을 통과하면 모든 일은 하나님이 하신다.

"또 여호와를 기뻐하라 그가 네 마음의 소원을 네게 이루어 주시리로다"(시 37:4).

주의 사역이 힘들기 그지없지만 성경에는 지름길도 분명히 있는 것 같다.

| 나가면서

　나는 사모로서 프로가 되기 위해 내 평생을 바쳤다. 그리고 돈도 많이 들였다. 대학교, 대학원 진학 그리고 여러 가지 공부들! 오직 프로 사모가 되겠다는 마음뿐이었다.
　그리고 이 비전을 이 땅의 사모님들과 나누어야 한다고 생각했다. 언젠가 사모님들을 섬길 수 있는 날이 오리라는 비전을 품기도 했다.
　그리고 담임목사의 사모가 되면서는 불철주야 열심히 뛰었다. 자녀들을 제대로 돌아볼 여유도 없이 달렸다. 나 자신을 돌아볼 여유도 없었다. 내게 돌아오는 것은 아무것도 없었다. 오히려 수군거림과 비난이 대가였다. 나를 더 힘들게 했던 것은 교회에 문제만 생기면 다 내 탓이 되는 경우였다. 나 자신도 정말 내 탓인가 싶어 괴로워할 때가 한두 번이 아니었다.
　언젠가부터 내가 걷는 이 길이 내게는 어쩔 수 없는 선택(다시 태어나도 이런 선택을 했으리라)이었지만 다른 사모님들과 나누어야 하는 부분은 정말 많은 회의가 들었다. 굉장히 열악한 환경에서의 목회였지만 교회가 괄목할 만큼 부흥하고 하나님의 사람들을 세우는 일에 많은 열매를 주시는 은혜를 받았다.
　그러나 리더로서의 사모의 길은 멀고 험했고 힘이 들었다. 교회 성장의 열매에 비해 내게 주어지는 것은 늘 수고로움이었다. 이렇게 아무 혜택도 주어지지 않는 이 길이 과연 옳은 길인지, 만약 맞다 하더라도 굳이 사모님들로 하여금 이 길을 가게 하는 것이 맞는지 심각하게 고민이 되었다.

사모님들과 이 비전을 나누는 것에 대해서 포기하려고 하는 순간 섬광과 같은 하나님의 말씀이 임했다.

"네 의를 빛같이 나타내시며 네 공의를 정오의 빛같이 하시리로다"
(시 37:6).

그리고 하나님께서 교회 안에서의 내 사역에 크게 복 주셨다. 그것이 다가 아니었다. 나를 통해 남편을 크게 복 주시고 크게 높여 주셨다. 비록 지금 교회가 힘든 상황이지만 교회의 규모에서나 지명도에서 남편의 입지가 크게 달라지는 것을 보았다. 더욱 놀라운 것은 이전 목회지에서의 수고에 대한 위로 또한 넘치는 것을 보았다. 나는 이 일이 내가 살아온 삶이 옳다는 것을 하나님께서 증명해 주시는 사건이라 생각했다. 그리고 다른 사모님들과 나누어도 된다는 사인으로 보았다. 하나님이 그것을 원하신다는 것을 느꼈다.

글을 마무리하는 시점에서 내가 제시하는 사모상이 완전하다고 생각하지 않는다. 오히려 이 일이 계기가 되어 사모에 대한 수많은 조명들이 이루어지고, 이 땅에서 사모들이 탁월한 리더로 세워져 가는 일에 한 모퉁이라도 당당하게 되길 바란다.

```
판 권
소 유
```

사모여, 목회 플래너가 되라!
사모, 평강공주를 꿈꾸다

2011년 6월 20일 인쇄
2011년 6월 25일 발행

지은이 | 장형윤
발행인 | 이형규
발행처 | 쿰란출판사

주소 | 서울 종로구 이화동 184-3
TEL | 02-745-1007, 745-1301~2, 747-1212, 743-1300
영업부 | 02-747-1004, FAX / 02-745-8490
본사평생전화번호 | 0502-756-1004
홈페이지 | http://www.qumran.co.kr
E-mail | qumran@hitel.net
        qumran@paran.com
한글인터넷주소 | 쿰란, 쿰란출판사

등록 | 제1-670호(1988.2.27)

책임교열 | 김유미 · 김윤이

값 9,000원

ISBN 978-89-6562-105-8 03230

* 이 출판물은 저작권법에 의해 보호를 받는 저작물이므로 무단 복제할 수 없습니다.
  잘못된 책은 교환해 드립니다.